Die Sieben Siegel
Eine praktische okkulte Erfahrung

Maha Vajra

Inhalt dieses Buches
F.Lepine Publishing
Copyright 2004-2025
ISBN: 978-1-926659-49-7

Übersetzung aus dem Englischen von
Bernd Wollsperger (Edition SEVEN RITES).

Ich danke den Meistern, die mir dieses heilige Wissen
vermittelt haben.

Ich bete zu Gott, dass sie beim Lesen dieses
Buches eine gesegnete Erfahrung machen werden.

INHALTSVERZEICHNIS

Einführung 7

Weitergehende Theorie 13

Die Ebenen der Existenz 13

Kaballah 18
- Der Baum des Lebens 22
- Das Pentagramm 26
- Das Leben ist der vibrierende Name Gottes 30
- Das Licht ist überall 34

Praktiken 36

Vom Körper 37
- Atmung 37
  - Normale und umgekehrte Atmung 37
  - Methode des Sammelns von Energie 43

Vom Herz 49
- Die Wahrheit über sie selbst 49
  - Erkennen der Wahrheit 49
  - Die Wut herausnehmen 54
  - Den Vulkan beobachten 56
  - Lösung eines Problems 59
- Eine Tür zur Macht 63
  - Tugenden 63
  - Auswirkung 68

Der Verstand **71**
   Denken wie ein Tier 71
      Der Reptilienverstand 71
      Erhöhen sie sich selbst 74
   Die Angst vor den Elementen 77
      Elementare Ängste und Selbstbeherrschung 77
      Besiegen sie die Angst vor den Elementen 80

Der Geist **85**
   Meditation 85
      Das Licht ist überall, das Licht ist alles 85
   Die Yéouan Technik 87
      Grundlegende Mantras 87
      Yéouan-Anwendung zur Entwicklung übersinnlicher Fähigkeiten 91

In der Welt **98**
   Das Anrufen der Gerechtigkeit 98
      Mantra 98
      Ritual der Gerechtigkeit 102
   Mystische Quantenphysik 106
      Die String-Theorie 106
      Die formbare Welt 109
   Die Macht der Manifestation 111
      Der Himmel auf Erden, verschleiert durch den menschlichen Verstand 111
      Himmel und Erde in Einklang bringen 114
      Aufbau des Labors 118
      Eine Manifestation bewirken 121

Rituale **125**
   Gebet der sieben Siegel 126
   Grundlegende Kaballah Ausbildung 127
      Das kabbalistische Kreuz 127
      Kleines Pentagramm-Bannritual 131
      Mittelpfeiler Übung 136
      Der Gesang des Baums des Lebens 140
   Universelle Mechanik 146
      Universelle Mechanik und Geister 146
      Der Arbatel der Magie 150
      (Ende des integralen Textes des Arbatel der Magie) 228
      Arbatel Korrespondenz Tabelle 229
      Olympische Symbole und Namen 233
   Arbeit mit Elementen 244
      Kontakt zu Elementaren 244
      Ritual der Beschwörung 247
      Über Erde 251
      Über Wasser 253
      Über Luft 255
      Über Feuer 257

Schlussfolgerung: Ritter, Priester und König **259**

Einführung

Sieben Tugenden und sieben Laster; vierzehn Fäden, an denen die Moral unseres menschlichen Ichs hängt. Wir sind nicht leer, sondern angefüllt mit Gedanken, Strömungen und Erinnerungen, und wir sind immer den äußeren Manifestationen dessen unterworfen, was in uns wohnt. Wir können große Kraft entwickeln, aber wir können unsere Ziele nur erreichen, wenn wir für diese innere Kraft verantwortlich werden. Die Beherrschung unserer tierischen Reaktionen und die Entwicklung tugendhafter Verhaltensweisen ist der einzige Weg, um unser Potenzial voll auszuschöpfen und letztlich Frieden zu finden.

"Die Sieben Siegel" sind eine Metapher für die okkulten Werkzeuge, die wir als Mensch, aber auch als spirituelles Wesen entwickeln können. Durch die Beobachtung der Natur, insbesondere der menschlichen Natur, sind wir Meister darin geworden, zu verstehen, wie wir in unserem Geist arbeiten, aber wir sind auch Adepten darin geworden, uns vor der Wahrheit zu verstecken. Über der Macht steht die Wahrheit. In diese Wahrheit eingetaucht, hören wir auf, einfache menschliche Tiere zu sein; wir werden von der Essenz erfüllt, aus der das gesamte Universum besteht, und wir verstehen schließlich alles. Viele Wege führen zum Himmel, aber alle sind eine Herausforderung, entweder auf mentalen oder der emotionalen Ebene, einige sogar auf der physischen Ebene.

In diesem Buch möchten wir sie durch eine neue okkulte Erfahrung führen. Das Material wird in einer bestimmten Reihenfolge präsentiert, die sie für neue spirituelle Konzepte sensibilisieren soll. Wenn sie das gesamte Buch durchgelesen haben, wird es immer noch als Nachschlagewerk für okkulte Korrespondenz nützlich sein. Wir werden einige Aspekte der okzidentalen okkulten Wissenschaften aus verschiedenen Traditionen wieder aufnehmen, die sich jedoch hauptsächlich um das Konzept der sieben Siegel drehen. Wir werden fortfahren, indem wir alte Methoden enthüllen, die von den Meistern dieser Künste verwendet wurden, Methoden, die normalerweise nur den hingebungsvollsten Jüngern vorbehalten waren. Wir möchten diese Wissenschaft mit euch teilen, um möglicherweise ein Wissen zu erwecken, das ihr vielleicht schon besitzt und das tief in eurem Bewusstsein vergraben ist. Viele von euch haben Fähigkeiten, die noch entdeckt werden müssen, und andere brauchen einfach eine Anleitung, um ihre Erfahrungen effizienter zu gestalten.

Unser erstes Ziel ist es, Ihnen eine Tür zu öffnen, damit sie darüber nachdenken können. sie werden ermutigt, ihr eigener Meister zu werden und sich nicht von äußeren Quellen oder Dogmen beeinflussen zu lassen. Es ist wichtig, den kompetenten Lehrern

Anerkennung zu zollen. Das bedeutet nicht, dass sie ihre eigene persönliche Integrität aufgeben müssen. Wenn sie lernen, sich selbst zu vertrauen, werden sie in der Lage sein, anderen zu vertrauen, und vielleicht werden sie ihren Geist für höhere Wissensquellen öffnen; aber vergessen sie nicht, wer sie sind und wer die Verantwortung für ihr Leben trägt: sie selbst.

Es gibt eine Herausforderung, der sich alle spirituell Suchenden stellen müssen: Wir existieren und funktionieren mit unserem menschlichen Ego. All das wurde als Sünde dargestellt: Eifersucht, Völlerei, Geiz... all das, was ständig zu Betrug und Konfrontation führt, all das sind die Grundhaltungen unseres menschlichen Egos. Einst war es notwendig, unser Territorium und unsere Partner zu besitzen oder den Clan des Nachbarn zu beneiden, um unser Überleben zu sichern. Diese tierischen Eigenschaften sind heute nicht mehr notwendig. Urteilen sie nicht zu hart über sich selbst, denn diese Verhaltensweisen haben es der menschlichen Art ermöglicht, so weit zu existieren. Doch nur, wenn wir uns selbst beherrschen, können wir Wahrheit und Frieden erlangen.

In diesem Buch werden sie viele verschiedene Arten von Übungen und Techniken durchlaufen, sogar komplette Rituale. Es wird auch Methoden zur Selbstbeobachtung geben, die sie ermutigen, nach innen zu schauen, um sich selbst zu finden. Wenn sie Kapitel für

Kapitel lesen und die Techniken nacheinander in der Reihenfolge durchführen, in der sie gezeigt werden, werden sie sich vielleicht ihrer höheren spirituellen Realität bewusster werden, indem sie den Wegen folgen, die seit Tausenden von Jahren von den Spiritualisten des Abendlandes beschritten wurden.

Um die sieben Siegel in ihrem heiligsten Ansatz darzustellen, haben wir auch einen wichtigen alten Text der Theurgia mit dem Namen "Arbatel of Magick" zur Verfügung gestellt, der um 1575 geschrieben wurde. Er ist in altenglischer Sprache verfasst, aber sehr leicht zu verstehen. Er wird sie inspirieren, wie die alten Magier diese wunderbare Kunst der Verbindung mit den universellen Kräften praktiziert haben. Abgeschlossen wird das Buch mit der Kunst der Elementarmagie, die sie ermutigt, harmonische Beziehungen mit der geistigen Welt zu entwickeln, die unsere schöne Natur bevölkert.

Die sieben okkulten Siegel sind ein riesiger Schatz an spirituellem Wissen und ein Versprechen auf Freiheit. Sieben Tugenden, die es zu entwickeln gilt, sieben Sünden, die es zu überwinden gilt, verbunden mit zugänglichen Praktiken und Ritualen, die auf ihrem eigenen spirituellen Weg zu greifbaren Ergebnissen führen werden. Wir werden sie ermutigen, ihre eigenen Wege zu entdecken und die Werkzeuge zu benutzen, die sie bevorzugen. Welchen Weg sie auch immer wählen, die Wahrheit bleibt dieselbe, und mit Vertrauen können sie vielleicht ein Meister der Sieben Siegel werden.

Weitergehende Theorie

Hier verweisen wir auf die grundlegende Theorie hinter unseren Praktiken und Ritualen in vielen Wissensgebieten und Traditionen. Es ist unmöglich, alle Informationen über jede dieser Traditionen zu geben, so immens sind sie, dass es tausend Leben dauern würde, alles hier unterzubringen. Wir ermutigen Sie, mehr über ein Thema zu lernen, wenn sie sich angezogen fühlen; es wird ihr Leben und ihre spirituelle Erfahrung bereichern. In diesem Buch wird mehr Wert auf die praktischen Aspekte der okkulten Wissenschaften gelegt.

Die Ebenen der Existenz

Die menschliche Erfahrung wird auf vielen Ebenen gleichzeitig gelebt. Dies ist nur eine kurze Beschreibung der verschiedenen Ebenen der menschlichen Existenz. Mehr Informationen werden in späteren Kapiteln zu finden sein. Die meisten Menschen sind sich nur der physischen Realität bewusst. Und selbst dann wird sie durch die Konditionierung des Verstandes gefiltert. Einige wenige Menschen

werden sich auch ihrer mentalen Aktivität bewusst sein. Für die emotionale Ebene sind die Kandidaten sogar schwieriger zu finden. Nur sehr wenige Menschen spüren die Ebene der Willenskraft und der Bioelektrizität.

Die vier Ebenen der menschlichen Existenz sind:

1- Geistig
2- Emotional
3- Ätherisch
4- Physisch

Beachten Sie, dass es auf der spirituellen Ebene noch andere Daseinsebenen gibt, aber im Moment ist das Ziel unserer Praxis, ein Meister unserer menschlichen Dimensionen zu werden.

Die mentale Ebene ist die Ebene, auf der wir denken. Viele Menschen denken, aber nur sehr wenige sind sich der mentalen Aktivität und ihrer verschiedenen Prozesse "bewusst". Um sich seiner mentalen Ebene bewusst zu werden, muss man sich selbst akribisch studieren. Man muss herausfinden, welche mentalen Muster man aufgrund sozialer Konditionierung beibehält. Diese Konditionierungsmuster helfen uns, uns in die Gesellschaft zu integrieren, aber wenn wir uns ihrer nicht bewusst sind, hindern sie

uns daran, geistige Freiheit zu erreichen. Wir müssen unsere Konditionierungen nicht loswerden, aber wir müssen sie so verfeinern, dass sie unserer Ausdehnung dienen, anstatt uns ohne Bewusstsein in den gegenwärtigen Verhaltensweisen zu fixieren. Die mentale Ebene ist der Ort, an dem der bewusste Lernprozess beginnt.

Auf der emotionalen Ebene befinden sich Verlangen, Angst und Ärger. Es ist die Ebene der Anziehung und Abstoßung (obwohl jede Ebene ihren Polaritätsmechanismus hat). Es ist die Ebene, auf der wir unsere Vorlieben definieren, meist aus Reflexen heraus, die aus verschütteter Angst oder Wut kommen. Selbst Menschen, die sich für selbstbewusst halten, zeigen subtile Anzeichen dunklerer Emotionen hinter ihren Entscheidungen und Verhaltensweisen. Es ist leicht, eine Maske der Zuversicht und des Vertrauens aufzusetzen, aber darunter kämpfen wir oft zwischen unseren Wünschen, unseren Ängsten und unserer Wut. Um sich der emotionalen Ebene bewusst zu sein, müssen wir akzeptieren, dass wir von Zeit zu Zeit Schmerz empfinden, aber wir sollten nicht die Rolle des Opfers spielen und in Depressionen versinken. Lassen sie ihre Emotionen zu, ohne die Rolle des Opfers, des Verfolgers oder des Retters spielen. Achten sie auf ihre Entscheidungen und machen sie sich bewusst, was ihre Entscheidungen motiviert. Ein Motiv ist nicht immer besser als ein anderes. Es geht darum, sich

seiner selbst bewusst zu sein und sie zuzulassen, und nicht darum, ihre Relevanz mit sinnlosem Intellektualismus zu beurteilen.

Die feinstoffliche Ebene ist der Ort der Willenskraft, Entschlossenheit, Aktivität und Energie. Diese Ebene ist der Behälter für unsere Bioelektrizität, unsere Lebenskraft. Es ist die Ebene des orientalischen Chi. Diese Ebene kann schwach mit Faulheit oder stark mit Aktivität sein. Damit die spirituellen Energien aus den höheren Ebenen auf die physische Ebene gelangen können, muss der feinstoffliche Energiekörper aktiv sein, und seine Kanäle müssen sauber gehalten werden. Machen sie Atemübungen und körperliche Übungen, um ihren Energiekörper gesund zu halten. Um sich dieses Körpers bewusst zu werden, müssen sie auf die kleinen Gefühle von fließender Energie in ihren Gliedern achten. Viele Menschen könnten diese Energieströme spüren, sind aber geistig so unfähig, sich ihrer selbst bewusst zu werden, dass sie nicht einmal akzeptieren können, dass so etwas möglich ist.

Die physische Ebene ist die Endgültigkeit der Schöpfung, und sie ist auch der Ort, an dem wir auf natürliche Weise lernen, denn sie ist die Ebene, auf der unsere Sinne natürlich aktiv sind. In der physischen Welt spielt sich alles ab. Dies ist die Ebene, der wir unsere Aufmerksamkeit schenken sollten, denn hier manifestieren sich alle Zeichen, Lektionen und Träume unseres Geistes. Wir werden unserer Entwicklung mehr Chancen geben, wenn wir uns eine gute körperliche Gesundheit bewahren. Es ist nicht notwendig, ein Athlet zu werden. Auf die physische Ebene wird jedes Problem projiziert, das auf anderen Ebenen der Existenz auftritt. Sie sollten sich die Zeit nehmen, ihren physischen Körper und ihre physische Umgebung zu beobachten, um herauszufinden, was sie lösen oder besser machen können. Jedes Problem, das sie auf der physischen Ebene mit Bewusstheit beheben, wird auch auf den anderen Ebenen behoben werden.

Entwickeln sie Tugenden in ihrem Herzen und ihrem Verstand; handeln sie mit Kraft und Sanftmut; bewegen und korrigieren sie ihre körperlichen Erfahrungen; und die geistigen Welten werden sich öffnen und ihre Kräfte und Fähigkeiten offenbaren, damit sie sie nutzen können. Die ersten Ergebnisse werden schnell eintreten. Dann werden sie vielleicht sogar versucht sein, diese neuen Werkzeuge ohne Tugend zu benutzen, und das könnte sie noch mehr Lektionen im Leben manifestieren lassen. Ist es nicht großartig, vom Leben das zu erhalten, was man in es hineinsteckt?!

Kaballah

Die Kaballah ist der Ursprung der meisten abendländischen okkulten Wissenschaften und magischen Systeme. Sie wird seit Tausenden von Jahren von allen Magiern und Weisen verwendet. In dieser Wissenschaft wird der Mensch als ein Universum in sich selbst betrachtet. Dieses tiefgründige Konzept der Funktionsweise des Universums wurde zuerst von den Juden entwickelt und dann von den christlichen Okkultisten übernommen und bezieht sich auf den Makrokosmos, das große Universum, und den Mikrokosmos, das kleine Universum des Menschen. Obwohl jeder seinen Weg gehen muss, werden wir feststellen, dass wir eine authentischere Erfahrung machen, wenn wir uns an die hebräischen Originaltexte halten. In der Tat ist die einzige Möglichkeit, zum Kern der Kaballah vorzudringen, den hebräischen Originaltext so zu lesen, wie es ein Kabbalist tun würde, nämlich mit dem Verständnis der Tradition. Nichtsdestotrotz ist es nützlich, mit den einfachen und geistig zugänglichen Werkzeugen zu beginnen, die die Kaballah bietet.

Der Baum des Lebens ist eine grafische Darstellung des gesamten Systems der Kabbala. Er stellt die 10 Ebenen der Existenz dar, die durch 22 Arten von Energien, die im Universum existieren, miteinander verbunden sind. Jede der 10 Daseinsebenen ist eine Sphäre, die "Sephiroth" genannt wird und die gesamte Erfahrung und schöpferische Kraft dieser spezifischen Ebene enthält. Diese 22 Verbindungen zwischen ihnen haben die Form der 22 Buchstaben des hebräischen Alphabets angenommen. Aus den 22 Buchstaben des hebräischen Alphabets entstanden die 22 Hauptkarten des Tarot, zu astrologischen Zeichen, zu den Namen der Engel, ... fast jede okkulte Wissenschaft des Abendlandes hat eine Verbindung zur Kaballah.

Die Kaballah ist eine sehr reichhaltige Wissenschaft, die jeden Aspekt der menschlichen Existenz auf eine intellektuell verständliche Weise erklärt. Aber Vorsicht, diese Wissenschaft ist tiefgründig und geheimnisvoll, und sie könnte dazu führen, dass sie ihren Verstand zerbrechen, wenn sie zu sehr in Eile sind. Das Lernen muss von Gebet und Meditation begleitet werden. Je mehr sie die Prinzipien der Kaballah verstehen, desto effizienter werden ihre Praktiken sein. Es ist nicht notwendig, Hebräisch zu lernen, um ein guter Okkultist zu werden, aber es wird Ihnen helfen, wenn sie zumindest die Grundlagen der Sprache, wie das hebräische Alphabet, lernen.

Das Pentagramm von Eliphas Levi ist ein gutes Beispiel für angewandte okkulte Symbolik, die von der Kaballah abgeleitet ist. Jedes Detail hat seine eigene Bedeutung und trägt zur Effizienz des

Talismans bei. Die wahre Kraft kommt aus dem Verständnis der Bedeutung der Symbole, die das endgültige Design bilden. Er ist eine Inspiration für Tugend und Weisheit. Er entfaltet seine volle Wirksamkeit, wenn der Okkultist die Tugenden, die die Symbole darstellen, in sich selbst entwickelt hat. Obwohl die traditionellen jüdischen Kabbalisten diese moderne Version des Pentagramms nicht gutheißen werden, ist sie ein wichtiger Teil des Lernprozesses für neue moderne Kaballah-Schüler.

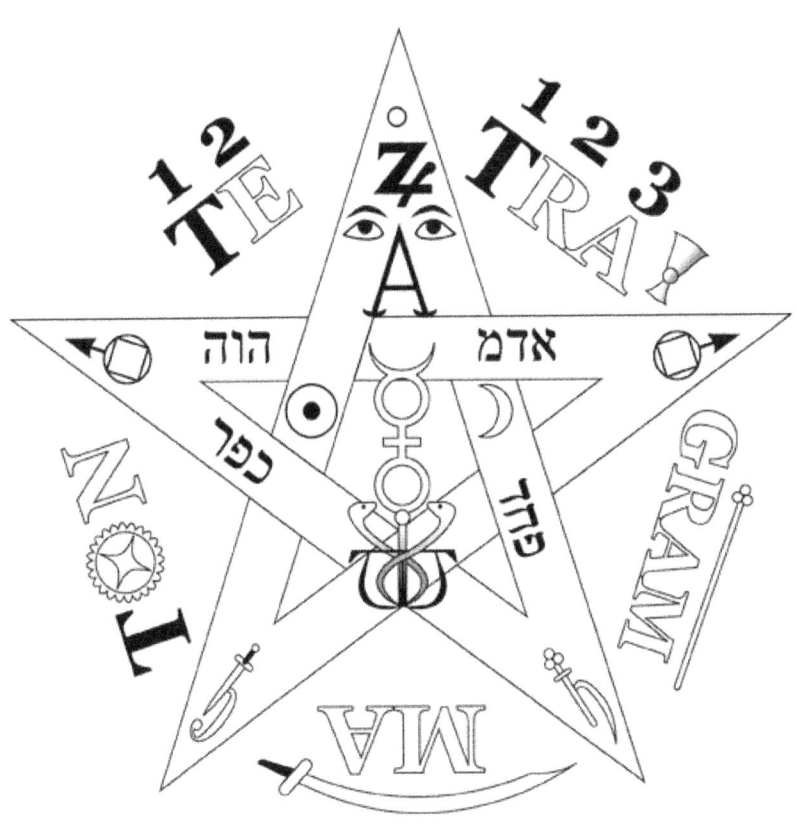

Der beste Weg, die okkulten Mysterien zu lernen, ist, täglich zu üben, die Rituale durchzuführen und über die Symbole zu meditieren. Meditiere auch über die Lektionen des Lebens. Man wird mit dem Herzen zum Okkultisten, nicht mit dem Verstand. Das Ziel der Theorie ist es, deinen Verstand mit genügend Wissen zu füllen, um dich mit anderen höheren Realitäten des Verstehens zu verbinden, und bis dahin wird all das Wissen der Welt nicht die Glückseligkeit ersetzen, einfach mit der Wahrheit in Kontakt zu treten.

Der Baum des Lebens

Die Kaballah-Theorie basiert auf diesem ebenso wunderbaren wie komplexen Diagramm. sie wurde erstmals in einem Buch namens "Sepher Yetsirah", dem Buch der Formation, erklärt. Es ist ein Handbuch zur universellen Mechanik. Es erklärt, wie sich das Licht der Schöpfung verdichtete, um die vielen Aspekte des Universums und des Menschen zu erschaffen. Die Kabbalisten sagen: "Wie oben, so unten, wie unten, so oben". Das ist ihre Art zu sagen, dass wir auf die gleiche Weise wie das Universum sind.

Das große Licht der Schöpfung kam aus dem "Absoluten Licht ohne Ende" und ergoss sich wie Wasser, um sich in zehn Sphären der Existenz zu füllen, wie Krüge. Das Wasser der Schöpfung füllte den ersten Krug, dann lief es in zweiten über, dann in den dritten, bis hin zum zehnten Krug/Sphäre. Diese Gefäße/Sphären werden "Sephiroth" genannt. Die Kanäle, die das fließende Licht der Schöpfung benutzt, verbinden die Sephiroth miteinander und ermöglichen auch den Fluss von einem zum anderen. Es gibt 22 dieser Kanäle, die jeweils durch einen Buchstaben des hebräischen Alphabets dargestellt werden.

In jedem Sephiroth nimmt Gott eine Gestalt an, eine seiner unendlichen Manifestationen. Jedes Sephiroth hat eine universelle

Seele, eine Umhüllung seiner selbst. In jedem Sephiroth wohnt ein "Manager", der seine Operationen leitet, und dieser Manager wird Erzengel genannt. In jedem Sephiroth leben auch Konzepte und geistige Wesen, und schließlich nimmt jedes Sephiroth eine physische Form an, einen Körper, eine planetarische Form. Daher wird jedes Sephiroth als 5 verschiedene Komponenten: 1. Gottesform, 2. Seele, 3. Regent/Verwalter, 4. Familie der geistigen Wesen, 5. physische Manifestation.

Indem wir die einzelnen Aspekte dieser Sephiroth und die 22 Verbindungen zwischen ihnen kennenlernen, können wir die spirituelle Energie der universellen Mechanik anrufen, um uns in unserem Leben zu helfen, unsere Entwicklung zu unterstützen und bestimmte Probleme zu lösen. Aus dieser Theorie sind alle Formen der abendländischen Magie, der Wahrsagerei, der Astrologie, der Numerologie, des Tarot usw. hervorgegangen. Die 22 Hauptkarten des Tarot sind in Wirklichkeit die 22 Kanäle der Kaballah. Wir empfehlen keine großen, langen Rituale mit enormen Mengen an Details und Artefakten; zumindest nicht am Anfang. sie können diese komplexen Formen von Ritualen kennen lernen, wenn sie selbst praktische Kaballah lernen, was gut ist. Viele Bücher sind in guten Bibliotheken erhältlich.

Hier ist das grundlegende Diagramm, genannt der "Baum des Lebens", mit seinen 10 Sephiroth, die in der Reihenfolge ihrer

Entstehung nummeriert sind. Sie alle haben hebräische Namen, die später erklärt werden. Mit etwas Geduld können sie lernen, die grundlegenden Prinzipien zu verstehen und mit ihnen zu arbeiten. Beginnen sie damit, die direkte Bedeutung jedes Gottesnamens, jeder Sphäre, jedes Regenten, jeder Wesenheit, jedes Planeten ... zu verstehen, um sie in ihren Gebeten anzurufen.

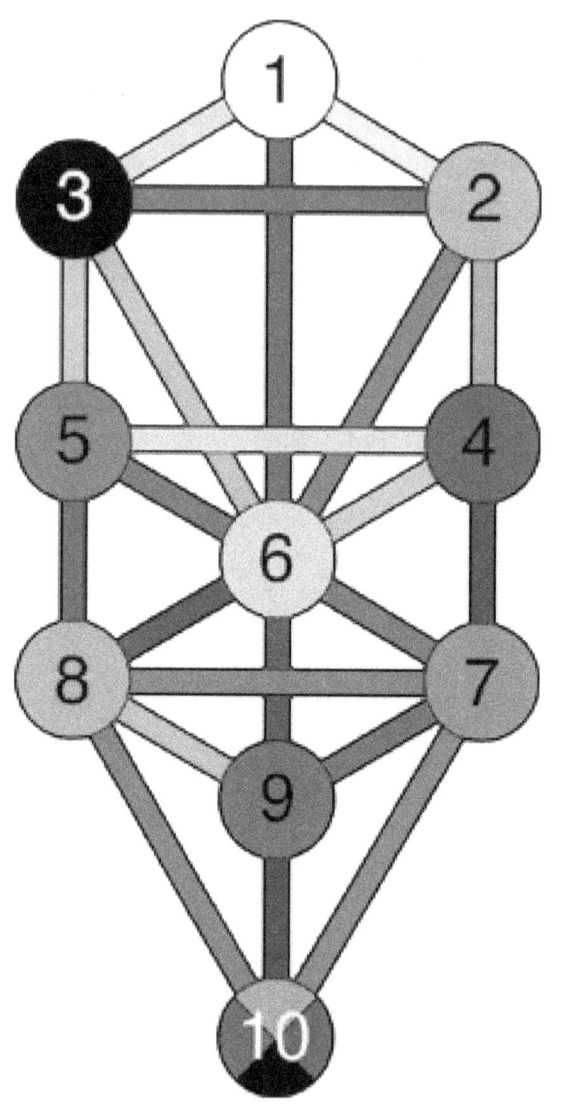

Das Pentagramm

Das Pentagramm ist ein Bild mit fünf (Penta) Punkten (Gramm), das aus einer durchgehenden Linie mit fünf gleichen Winkeln besteht. Es ruft die Kraft des fünften Sephiroth Geburah, die Stärke, und das Konzept der Bewegung und Aktion auf. Daher wird es in Ritualen verwendet, um die Aktion der Operation einzuleiten, um eine Bewegung der Energie zu fordern.

Es ist in deiner Hand mit fünf Fingern dargestellt, aber vor allem ist es in deinem Körper mit deinen fünf Extremitäten dargestellt: 2 Beine, 2 Arme und dein Kopf. Das Pentagramm, bei dem eine Spitze nach oben und zwei nach unten zeigen, ist das Symbol des tugendhaften Menschen. Die Verwendung dieses Symbols wird dich ermutigen, die Tugendhaften nachzuahmen und dein Bewusstsein in deinem Handeln zu erweitern.

Das Pentagramm kann auch umgedreht werden, um den fallenden Menschen oder das dekadente Wesen zu symbolisieren. Es hat zwei Spitzen, die nach oben zeigen, und nur eine, die nach unten zeigt. Es wird meist von unbewussten und uninformierten Schwarzmagiern verwendet und fördert nicht wirklich eine Erweiterungdes Bewusstseins.

Abhängig von der Richtung des Energieflusses des Pentagramms ist es entweder beschwörend oder bannend, einladend oder wegstoßend. Im Ritual des Verbannungspentagramms der unteren Erde beginnen wir mit dem Erdpunkt unten links und machen eine Bewegung im Uhrzeigersinn, zum oberen Punkt, dann zum unteren rechten, linken Punkt, dann zum rechten Punkt und enden am Anfang, unten links. Dies ist eine Art Bewegung im Uhrzeigersinn und bannt. Sie beginnt am Erdpunkt, verbannt also niedere, dichte Energien. Dämonen und Geister haben normalerweise Angst vor diesem bannenden Pentagramm.

In Ritualen werden sie aufgefordert, das Pentagramm mit den Fingern in der Luft zu zeichnen. Den Elementen, die mit jedem Punkt verbunden sind, wird eine gewisse Bedeutung beigemessen. Die folgende Abbildung zeigt die Position der einzelnen Elemente auf dem rektifizierten Pentagramm. Sie können erkennen, dass das umgekehrte Pentagramm den Geist unter den vier Elementen hat, was bedeutet, dass das menschliche Tier stärker ist als das geistige Wesen.

Wenn sie das Pentagramm in ihren Ritualen anrufen, müssen sie es klar in ihrem Geist sehen und etwas Energie in den Glauben daran stecken, dass es wirklich da ist. Das Pentagramm muss auf den spirituellen Ebenen mit ihrer Willenskraft und einer bestimmten Visualisierung schwingen. Es muss auch mit der

Energie seiner Bestimmung schwingen, mit dem Ziel ihres Rituals. Wenn es in einem Ritual verwendet wird, ist es nicht nur eine physische Zeichnung, sondern auch ein astrales Werkzeug, um Energiebewegungen zu erzeugen. Seien sie vorsichtig bei ihren Experimenten mit dem Pentagramm. Lernen sie die Grundlagen des Rituals des Pentagramms zur Bannung der Kleinen Erde später im Ritualteil dieses Buches kennen.

Je mehr sie die Bedeutung der kabbalistischen Worte in diesen Ritualen verstehen, desto stärker wird die Wirkung sein. Je tugendhafter sie werden, desto effizienter und schneller werden diese Rituale wirken. Entwickeln sie sich durch Studium, Tugend und Glauben.

Das Leben ist der vibrierende Name Gottes

Gott, die absolut höchste Form Gottes, ist undefiniert, ohne Namen und Form. Er kann nicht erkannt, verstanden oder ausgesprochen werden. Er kann nicht beschrieben werden, da er nicht in einer manifestierten Form existiert, auf keiner Ebene des geschaffenen Universums. Er ist der Schöpfer, er ist die absolute unerschaffene Leere und alles, null und vollständig. Der Verstand kann das

Konzept nicht begreifen; er kann nur akzeptieren, dass es ein Konzept gibt und dass es nur der Glaube begreifen kann.

Die Namen Gottes sind die höchsten Masken über dem Antlitz des absoluten, unbestimmten Gottes. Wenn wir die Namen Gottes anrufen, zapfen wir die höchste Form von Energie an, die den Menschen zur Verfügung steht. Der absolute Gott fließt durch seine Schöpfung und durch die Masken, die er über seine Schöpfung hält, so dass wir eine Seite nach der anderen von ihm erkennen können. Wenn wir einen Gottesnamen anrufen, rufen wir seine heilige Kraft herbei, die uns durchströmt, und erlauben ihm, uns zu verändern.

Seien sie sich bewusst, dass die Kraft Gottes sehr stark ist, und dass sich manche nach einem Anruf bei Gott sogar krank und instabil fühlen könnten. Gehen sie sanft vor, nur für ein paar Minuten am Stück. Wenn sie sich bereit fühlen, rufen sie einen Namen Gottes für 20 Minuten an, meditieren sie dann friedlich und versuchen sie, dem stillen Wort Gottes zu lauschen, durch diesen dünnen Schleier zwischen ihnen und dem absolut Unendlichen. Mit der Zeit werden sie in der Lage sein, einen einzigen Namen Gottes eine Stunde lang zu chanten und zu spüren, wie seine Kraft durch sie hindurchfließt.

Die erste Kraft, die sie sich aneignen sollten, ist die Macht der Unterscheidung, die Macht zu wählen, ohne zu urteilen, aber mit großer Aufmerksamkeit für das Gute und das Böse, das in jeder deiner Entscheidungen steckt. sie kann durch den Namen des Herrn der Erde "Adonaï Ha-Aretz" oder den Namen des Herrn des Reiches "Adonaï Melek" herbeigerufen werden. Dies erzeugt den freien Willen und befreit sie.

Dann, die Kraft zu leben und produktiv zu sein vom allmächtigen Gott des Lebens "Shadaï El-Haï"

Wissen, Gleichgewicht, Manifestation, der Name der Götter der Heere "Elohim Tzebaoth"

Kreativität, Sinnlichkeit, Liebe, Gefühl, vom Herrn der Heere "Yehovoh Tsebaoth"

Weisheit, Königtum, Respekt, Aufstieg, vom Gott der Weisheit "Eloha Ve-Daath"

Macht, kriegerisch, militärisch, Kraft, stark von den Göttern "Elhoim Gibor"

Frieden, Misstrauen, Mitgefühl, Führung, vom Gottesbewusstsein "EL"

Das Höchste, das Gesetz, Begräbnis, Leben und Tod, Unsterblichkeit, von Gott Schöpfer "Jehova"

Die Bewegung des Universums, das Bewegliche hinter der Schöpfung, von "Iah"

Setzen sie sich vor Gott, das Original, und tauchen sie ein ins Unendliche, aus "Eheïeh"

Bevor sie einen dieser Gottesnamen chanten, lernen sie etwas über den Baum des Lebens, die kabbalistische Wissenschaft von der Entstehung des Universums. Singen sie das Lied vom Baum des Lebens (siehe Rituale), und beginnen sie langsam. Wenn sie zu schnell anfangen, wird ihr Leben von der Macht des Wandels, der Gerechtigkeit, des Karmas, das sich sofort auswirkt, des Fegefeuers und seines Feuers, das ihr Leben verbrennt, zerrissen. Unreinheiten entstehen schneller, als sie es ertragen können. Wenn sie lernen, Tugenden zu entwickeln und sich darin üben, die Lebenskraft Gottes zu atmen, werden sie ihren Körper und Geist darauf vorbereiten, die Namen Gottes in sich aufzunehmen.

Das Licht ist überall

Für den Mystiker ist das Licht die Kraft innerhalb der Elemente. Es ist die Kraft, die sich über die Atome hinaus bewegt und die Atome miteinander verbindet, um Materie, physische und spirituelle Ebenen, Lebensformen sowie unbelebte Objekte zu bilden.

" Das Licht ist überall, das Licht ist alles. "

Die Kontemplation dieses Gedankens wird ihren menschlichen Geist verfügbar machen, um die Kraft jenseits der Materie zu spüren. Es wird die Essenz des Lebens jenseits des Feuers sein, die schöpferischen organischen Gesetze jenseits des Wassers, die Harmonie der Bewegung jenseits der Luft, die Stärke und Stabilität jenseits der Erde. Jenseits der Teilchen, die die physische Materie bilden, gibt es Energie. Diese Energie kam von Gott, und Gott gab ihr eine Form. Dies ist der Akt der Schöpfung. Das Konstruieren und Bewegen von Materie, das Zusammensetzen und Verändern von Materie, ist das Licht, die himmlische und irdische Kraft, die in der Zusammensetzung der Elemente alles formt, was existiert.

Das Licht ist nur ein Symbol für den Verstand, es ist eine Inspiration für das Herz, ein Potential für den Willen, eine Wahrheit für den Geist. Es gibt eine Wahrheit, die höher ist als das Licht, nämlich die Wahrheit des Seins. Glauben sie nicht, dass das Licht das Höchste ist, denn das Höchste ist Gott. Das Licht ist das Werk Gottes. Kontemplieren sie das Licht, damit ihr menschliches Selbst und ihr Körper das Wirken des Lichts in sich und um sich herum akzeptiert. Kontemplieren sie das Licht, um sich selbst zu verbessern, um zu wissen, dass sie als spirituelles Wesen jenseits des Lichts sind und dass das Licht für sie als Menschen verfügbar ist. Sie müssen das Licht, das Werkzeug Gottes, respektieren.

Das Verständnis der Super-String-Theorie der Quantenphysik wird ihnen helfen, das Licht zu verstehen. Wenn sie über das Licht meditieren, werden sie es und sich selbst kennenlernen. Das Licht ist überall, das Licht ist alles.

Praktiken

Wenn sie mit diesen Praktiken beginnen, empfehlen wir ihnen, sich gesund zu ernähren und Sport zu treiben, um ihren Körper gesund zu erhalten. Einige Übungen sind anspruchsvoller als andere. Respektieren sie ihre Grenzen, aber versuchen sie immer, sie sicher zu überschreiten. Da einige dieser Praktiken ihre Körpertemperatur stark ansteigen lassen können, empfehlen wir ihnen, viel Wasser zu trinken und sich der Emotionen, die in ihnen aufsteigen, bewusst zu sein.

Es ist gut, alle Techniken mindestens einmal auszuprobieren, damit sie wissen, welche sie bevorzugen. Nehmen sie sich dann mehr Zeit für die Praktiken, die sie bevorzugen. Folgen sie ihrem Herzen und zweifeln sie nicht an sich selbst. Die ersten subtilen Ergebnisse werden schnell eintreten, dann kann eine längere Zeitspanne vergehen, bevor sie greifbare Ergebnisse sehen, während ihr Energieniveau steigt. Machen sie diese Praktiken nicht wegen ihrer Ergebnisse, sondern auch wegen dem, was sie ihnen unmittelbar geben, während sie sie ausführen. Suchen sie vor allem nach Liebe und Verständnis, dann kommt die Kraft von ganz allein. Wenn sie nach Macht streben, wird es viel länger dauern, bis sich die Auswirkungen manifestieren und sie werden nicht so beeindruckend sein.

Vom Körper

Atmung

In jeder okkulten Praxis ist das bewusste Atmen sehr wichtig. Es ist die grundlegende physische Handlung, die den Energiefluss in ihrem Körper unterstützt und dem spirituellen Licht hilft, durch ihre spirituellen Körper zu fließen. Wir werden auch eine orientalische Praxis erklären, die dazu dient, Licht in deinem Körper zu sammeln und Energie in deinem Bauch zu speichern.

Normale und umgekehrte Atmung

Normale Atmung:

Ein normaler Atemzug ist etwas ganz anderes als die automatischen Atemzyklen, die uns am Leben erhalten, wenn wir nicht an die Atmung denken. Der Grund dafür ist einfach: Niemand atmet wirklich richtig, wenn er nicht daran denkt. Manche Menschen nehmen nur 11 ml Sauerstoff pro Minute auf, was weit von dem Minimum an Sauerstoff entfernt ist, das der Körper braucht, um gesund zu sein. Ein normaler Atem ist ein gesunder Atem.

Die Einatmung sollte ihre Lungen fast vollständig füllen, ohne ihren Bauch oder ihr Zwerchfell anzuspannen. Der Atem sollte ihren Bauch auf natürliche Weise füllen, ohne ihren Oberkörper anzuheben. Bei einem tiefen Atemzug sollten sich nicht einmal die oberen Rippen bewegen. Legen sie ihre Hand auf ihr Herz, wo ihre Rippen mit dem Brustbein verbunden sind, zwischen ihrem Solarplexus und ihrer Kehle. Atmen sie tief ein und spüren sie, ob sich ihre Rippen bewegen. Wenn dies der Fall ist, füllen sie ihre oberen Lungenflügel zu sehr und es gelangt nicht genug Luft in die unteren Lungenflügel. Es ist zwar unmöglich, den Brustkorb unbeweglich zu halten (und das ist auch nicht das Ziel), aber er sollte sich so wenig wie möglich bewegen, ohne dass sie sich anstrengen müssen.

Wenn sie ausatmen, lassen sie ihren Bauch ruhen, bis die Luft nicht mehr auf natürliche Weise ausströmt, und ziehen sie ihren Bauch leicht und ohne Kraft ein. Dadurch wir ihre Lunge nicht vollständig entleert. Wenn sich ihre Rippen zu sehr nach innen oder nach unten bewegen, bedeutet das, dass sie sie beim Einatmen nach oben gehoben haben oder dass sie den oberen Teil der Lunge zu sehr gefüllt haben.

Einatmung Bauch *Ausatmen Abdomen*
aus Obere Brust *normal Oberer*
normal *Brustkorb norma*

Wenn sie normal atmen, drückt ihr Bauch beim Ein- und Ausatmen leicht nach außen und zieht sich leicht nach innen. Der Atemzyklus sollte keine übermäßige Kraft erfordern, aber er sollte ihre Lungen bis zu 80 % ihrer maximalen Kapazität füllen. Die Lunge bis zu 100 % ihrer Kapazität zu füllen, erfordert Anstrengung und ist nicht natürlich. Wenn sie mit Kraft ausatmen und ihren Bauch am Ende des Atemzugs leicht einziehen, leert sich ihre Lunge auf 20% oder 10% ihrer Kapazität. Dasselbe gilt für die vollständige Entleerung der Lunge, wobei mehr Kraft als im natürlichen Zustand aufgewendet wird.

Um zu experimentieren, können sie versuchen, ihre Lungen vollständig zu füllen (ohne sich zu verletzen) und ihren Brustkorb so unbeweglich wie möglich zu halten, dann halten sie die Luft 10 Sekunden lang ein und atmen sie vollständig aus, indem sie ihren Atem 10 Sekunden lang anhalten. Lassen sie alle Muskeln los und lassen sie ihren Körper atmen, ohne ihn zu beeinflussen, und achten sie auf den Unterschied. Führen sie nun einen normalen Atemzug aus, bei dem sie ihre Lungen bis in den Bauchraum füllen, und zwar mit etwas Anstrengung, aber leicht. Halten sie die Luft 3 Sekunden lang an und lassen sie sie ohne Anstrengung ausströmen, aber mit einem leichten Einziehen des Bauches nach innen am Ende der Ausatmung.

Das ist es, was wir mit "normalem Atmen" meinen. Er wird in Praktiken verwendet, die sich auf die Erhöhung des Selbst, Meditation, mentale und spirituelle Training, während der umgekehrte Atem für die körperliche Entwicklung verwendet wird, indem er die Energiekanäle in deinem Körper öffnet und deine Fähigkeit verbessert, deine Energie auf der physischen Ebene zu manifestieren.

Umgekehrte Atmung

Um das Prinzip der umgekehrten Atmung zu verstehen, müssen sie zunächst die normale Atmung genau üben. Dies ist wichtig, damit der Brustkorb während der Umkehratmung fast unbeweglich bleibt. Der umgekehrte Atemzyklus dient dazu, die Energie so zu konzentrieren, dass sie dichter wird und sich verdichtet, damit sie auf der physischen Ebene verfügbar wird.

Vergessen sie zum Beispiel die normale Atemmethode und atmen instinktiv. Stellen sie sich vor, dass sie in einer Situation der Alarmbereitschaft sind, dass sie sich verteidigen müssen, dass sie bereit sind zu handeln, und während sie ihre Fäuste schließen, atmen sie schnell und tief ein, ohne zu denken.

Die meisten von Ihnen werden feststellen, dass sich der Bauch beim Einatmen zusammenzieht und beim Ausatmen leicht nach außen drückt. Experimentieren sie ein wenig.

Bei Gefahr macht der Körper automatisch einen umgekehrten Atemzug und bereitet sich darauf vor, Energie in eine physische Aktion zu stecken. Der schnelle Teil diente nur als Beispiel. Die Methode des umgekehrten Atems verläuft genauso reibungslos wie der normale Atem, sofern nicht anders angegeben.

Einatmen   Ausatmen
Bauch eingezogen   Bauch locker
Obere Brust normal   Obere Brust normal

Wenn wir mit Methoden arbeiten, die sich auf die Manifestation physischer Phänomene konzentrieren, werden wir mit umgekehrter Atmung arbeiten. Der obere Brustkorb bewegt sich noch nicht, und sie sollten langsam und bequem atmen. Ziehen sie beim Einatmen ihren Bauch zusammen und ziehen sie ihn leicht ein. Lassen sie beim Einatmen die Bauchmuskeln vollständig los und stoßen sie sie am Ende der Ausatmung leicht ohne Kraft aus,

Methode des Sammelns von Energie

Bevor sie etwas mit Energie tun, müssen sie über Energiereserven verfügen, mit denen sie arbeiten können. Wenn sie keine haben, werden sie ihre eigene Lebenskraft aufbrauchen. Ich hoffe, sie verstehen, dass das NICHT GUT ist! Das Sammeln von Energie ist ganz einfach, und sie können es überall dort üben, wo sie sich nicht konzentrieren müssen. Tun sie es nicht beim Autofahren oder gar als Beifahrer. Wenn sie Energie sammeln, werden sie und alle um sie herum etwas anfälliger dafür, die Konzentration zu verlieren. Jeder könnte schläfrig oder aufgedreht werden oder seltsame Empfindungen in seinem Körper verspüren, besonders wenn er es nicht gewohnt ist, Energie zu spüren.

Energiespeicherung im Bauchraum

Legen sie ihre Handflächen auf den Bauch, direkt unter den Nabel (Abb. 1). Bei Männern sollte die linke Handfläche innen liegen und den Bauch berühren, während die rechte Handfläche über der linken liegt. Bei Frauen sollte die rechte Handfläche nach innen und die linke Handfläche nach außen zeigen. Wenn sie stehen, beugen sie die Knie ein wenig. Wenn sie sitzen, versuchen sie, ihre Wirbelsäule gerade zu halten, und schlagen sie ihre Beine nicht übereinander, während sie diese Methode ausführen.

Während sie einatmen, visualisieren sie weißes Licht, das von überall um sie herum kommt, alle Poren ihrer Haut durchdringt, ihren Körper ausfüllt und in ihren inneren Bauchraum dringt. Während sie ausatmen, verdichtet sich all diese weiße Energie zu einem konzentrierten Lichtball in ihrem inneren Bauch, in der Mitte ihres Körpers direkt unter der Höhe ihres Nabels. Sammeln sie Energie, indem sie normal, tief und ruhig atmen. Nehmen sie die Energie aus ihrer Umgebung auf und konzentrieren sie sie in ihrem inneren Bauchraum.

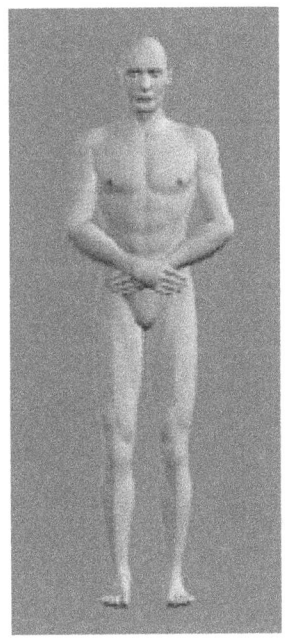

Abb. 1

Aktives Sammeln

Stehen sie auf, atmen sie ein paar Mal normal und entspannen sie sich. Beugen sie leicht die Knie und beginnen sie.

Stellen sie sich beim Einatmen vor, dass weißes Licht von oberhalb ihres Kopfes kommt und wie ein weißer Wind durch ihren Kopf eindringt und in einem kontinuierlichen Fluss zu ihrem Unterbauch fließt (Abb. 2). Wenn sie ausatmen, bleibt die Energie in ihrem Unterbauch und wird zu einem Lichtball. Machen sie 9 entspannte Atemzüge, die vom Kopf absorbiert werden. Es ist ein normaler Reflex, die Muskeln des Unterleibs und der Arme anzuspannen, wenn sie dies zum ersten Mal tun. Versuchen sie, es willentlich zu tun, während sie ihre Muskeln entspannt halten.

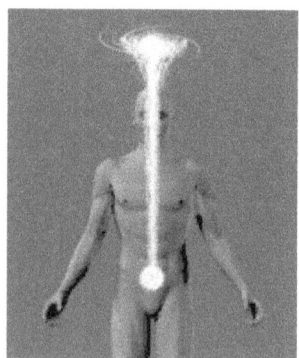

Abb. 2

Machen sie dasselbe mit den Armen. Strecken sie die Arme seitlich aus, wobei die Handflächen von ihnen weg zeigen, und atmen sie Energie durch die Mitte ihrer beiden Handflächen ein und führen sie sie nach unten zum Unterbauch. Führen sie die Übung 9-mal durch und versuchen sie, ihren Körper entspannt zu halten.

Dann nehmen sie mit den Füßen die windartige Energie durch die Mitte ihrer beiden Füße auf und führen sie zu ihrem Unterbauch, um den weißen Energieball zu stärken.

Nachdem sie 9 Atemzüge von jedem gemacht haben, die ihren Unterleib vom Kopf, von den Händen und den Füßen aus füllen, machen sie alle drei gleichzeitig, insgesamt 5 Eintrittspunkte für die Energie, und füllen sie ihren Unterleib mit 9 Energieatmungen. (Abb. 3)

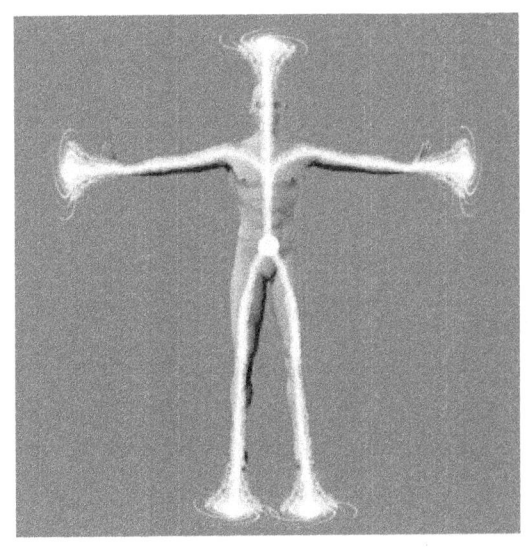

Abb. 3

Lege zum Schluss die Handflächen auf den Bauch und mache ein paar normale Atemzüge. Dies wird helfen, die gesammelte Energie zu speichern.

Vom Herz

Die Wahrheit über sie selbst

Erkennen der Wahrheit

Wahrheit, Ehrlichkeit, Integrität. Um die Wahrheit zu erkennen, müssen sie sie zuerst verstehen. Und während wir sie erklären, werden sie verstehen, dass sie schwer zu fassen ist. Wahrheit bezieht sich auf einen Geisteszustand, während Ehrlichkeit sich auf die Mitteilung von Fakten bezieht. Integrität bezieht sich auf den Respekt vor sich selbst.

Die Wahrheit, die philosophische Wahrheit, liegt jenseits der physischen Realität der Fakten. Sie ist der absolute Ausdruck dessen, was IST, sowohl auf geistiger als auch auf menschlicher Ebene. Sie ist ein Ort ohne Zweifel, ohne Dunkelheit, wo es keine Kommunikation zwischen zwei Parteien gibt, sondern vielmehr eine Vollständigkeit, eine Gemeinschaft. Das Erkennen der Wahrheit hat nichts mit der Bestätigung tatsächlicher Tatsachen, mit der Bestätigung physischer Ereignisse zu tun. Es ist die Erkenntnis, dass wir "alles" sind - dass wir alles sind, was wir SIND.

Auf dem Boden der Tatsachen bedeutet das Erkennen der Wahrheit, dass wir jeden möglichen Aspekt der menschlichen Existenz als einen Teil von uns akzeptieren, als eine Möglichkeit, nicht unbedingt als eine wirkliche Tatsache. Sie dürfen nicht darüber urteilen, was Wahrheit ist. Wenn sie zu sich selbst sagen können: "Ich bin ein Lügner, ich bin egozentrisch", dann ist das die Wahrheit. Es bedeutet nicht, dass sie gerade jetzt über ein bestimmtes Thema gelogen haben, sondern dass sie die Wahrheit erkennen. Wenn sie auch nur einmal im Leben gelogen haben, sind sie ein Lügner. Sie müssen auch in der Lage sein zu akzeptieren, dass sie ehrlich sind, da sie mindestens einmal in ihrem Leben die Wahrheit gesagt haben. Wenn es Ihnen mindestens einmal in ihrem Leben an Nächstenliebe und Güte gefehlt hat, sind sie egozentrisch. Natürlich sind sie auch barmherzig und gutherzig, wenn sie mindestens einmal jemandem umsonst geholfen haben. Ohne jemandem tatsächlich weh zu tun, können sie erkennen, dass "ich ein Mörder bin". Nochmals: Urteilen sie nicht über die Wahrheit. Die Wahrheit ist alles. Vielleicht haben sie in ihrem Leben einmal ein Lebewesen getötet.

Wenn sie jemand fragt, ob sie gerade die Wahrheit gesagt haben, antworten sie nicht "Ich bin ein Lügner", wenn sie nicht gelogen haben. Die Wahrheit hat nichts damit zu tun, was andere von ihnen wahrnehmen. In Wahrheit wissen wir beide, dass sie ein Lügner sind, und es geht nur um ihre persönliche Aufgeschlossenheit gegenüber ihrer eigenen Selbstannahme als Ganzes. Im gleichen Sinne wissen wir auch, dass sie ehrlich sind. Jemandem ehrlich zu antworten, ob sie die Wahrheit gesagt oder gelogen haben, hat mit ihrer Integrität zu tun und bedeutet nicht, dass sie die Wahrheit sagen sollten, sondern dass sie sich selbst respektieren sollten. In der Regel wird das Aussprechen der Wahrheit gefördert.

Auf jede Wahrheit folgt eine Manifestation in jeder Ebene der Existenz. Eine Wahrheit bringt einen Gedanken hervor, eine Wahrheit bringt eine Emotion hervor. Sie kann zum Handeln motivieren, aber wir werden uns jetzt erst einmal mit dem emotionalen Aspekt beschäftigen. Erinnern sie sich mit einem ruhigen, tiefen Atemzug daran, dass sie ein Dieb sind, und fühlen Sie, welche Emotionen, dies in ihnen weckt. Erinnern sie sich an vergangene Ereignisse, bei denen sie Dinge, Zeit oder Raum gestohlen haben. Nehmen sie sich Zeit, darüber nachzudenken und spüren Sie, wie die Emotionen aufsteigen. Spielen sie hier nicht das Opfer, denn diese Art von Übung wird unweigerlich Schuldgefühle aufkommen lassen. Glauben sie jedoch nicht, dass sie gegen Diebstahl unverwundbar sind. Erkennen sie die Wahrheit und fühlen Sie, was sie sind.

Wenn sie das gefühlt haben, wenn sie sich dessen bewusst geworden sind, dann vergeben sie sich und geben sie zu, dass sie ein Dieb sind. Es gibt einen Raum in ihnen, der befreit wurde, als die Schuld sie reibungslos mit dem Atem verließ. Nachdem sie sich ein paar Minuten Zeit genommen haben, ihn zu befreien, füllen sie diesen Raum mit Freude und Mitgefühl, der Frucht der Vergebung. Das wird nichts daran ändern, dass sie ein Dieb sind, aber es wird das Loch füllen, in dem zuvor die Schuld saß. Sie sind, was sie sind, erkennen sie die Wahrheit.

Wenn sie stark auf diese Übung reagieren, dann müssen sie Demut entwickeln und ihren Geist öffnen. Erleichtern sie ihr Herz und akzeptieren sie alles, was sie möglicherweise sind. Erweitern sie die Grenzen ihrer Selbstwahrnehmung. Je stärker sie sich auf eine Wahrheit über sie selbst reagieren, desto tiefer sind sie dabei, sich von der Wahrheit weg zu mogeln. Sie können nicht vollständig sein, wenn sie vor ihren eigenen Gefühlen fliehen. Sie können nicht weitermachen, ohne die Wahrheit zu akzeptieren, dass sie alles sind.

Nachdem sie einen Schritt der Übung abgeschlossen haben, nehmen sie sich Zeit, sich daran zu erinnern, dass sie ehrlich, freundlich, wohltätig, glücklich, jung, entspannt und fröhlich sind.

Wenn sie nach dieser Übung Schwierigkeiten haben, ihre positive Wahrheit zu akzeptieren, spielen sie ein "Opfer"-Spiel (Oh, sie Arme/r). Seien sie demütig und akzeptieren sie ihre tugendhafte Schönheit, ohne diese Akzeptanz in Eitelkeit zu verwandeln.

Machen sie dasselbe mit Lügen, Arroganz, Heuchelei, Aggressivität, Anmaßung, Egozentrik, ...

1- Denken sie über eine Wahrheit nach
2- Rufen sie einige klare Erinnerungen oder verblasste Eindrücke aus der Vergangenheit zurück
3- Fühlen sie die Emotion, atmen sie die Emotion
4- Vergeben sie sich selbst mit Mitgefühl
5- Erheben sie sich mit ihrer schönen Wahrheit

Wiederholen sie diese Erfahrung oft, so dass sie ihre Sensibilität für die Wahrnehmung der Wahrheit vertiefen, anstatt die einfachen Fakten der zufälligen Ereignisse des Lebens wahrzunehmen. Mit der Zeit nehmen sie nicht mehr Gut und Böse, Schönheit und Hässlichkeit wahr, sondern einfache, aufeinanderfolgende Erfahrungen des Lebens. Seien sie glücklich, weil sie leben. Sie sind nicht großartig wegen dem, was sie getan haben, oder schlecht wegen dem, was sie getan haben. Sie sind großartig, weil sie leben.

Das Ziel ist, bewusst zu sein. Seien sie bewusst, konzentriert, ehrlich zu sich selbst und erkennen sie die Wahrheit. Verzeihen sie sich ihre Fehler, denn sie sind hier, um zu experimentieren. Sie können eine Zeit lang bereuen, dann müssen sie ihr Gefühlsleben in den Griff bekommen und glücklich sein, während sie sich der Tiefen ihrer menschlichen Erfahrung bewusst sind.

Die Wut herausnehmen

Wenn sie die spirituellen Techniken praktizieren, werden sie anfangs vielleicht sensibler für Wut. Wenn sie Ärger und Wut aus ihrem System herausbekommen müssen, vergessen sie Meditation und Entspannung für eine Weile, es brennt ein Vulkan, ihre Energiestrukturen sind stimuliert und ihr System steht unter dem Druck der Veränderung.

Das Rufen des Vokals "Aaaaa!" wird ihnen helfen, den Druck zu lindern. Rufen sie laut und schlagen sie mit den Handflächen der geöffneten Hand und ausgestreckten Fingern schwer und kräftig auf eine weiche Oberfläche. Die weiche Oberfläche kann ihr Bett, das Gras oder eine Kampfmatte sein. Schreien sie laut, schlagen sie kräftig zu und spannen sie ihre Unterleibsmuskeln an, wenn sie die Silbe schreien. Atmen sie langsam ein, während sie ihren Unterleib entspannen, und führen sie einen weiteren Schlag aus.

Am Anfang mag es vielleicht künstlich wirken, aber sie müssen das tun und nach ein paar Mal wird sie die Wut wie wahnsinnig erfassen und sie müssen sich einfach darauf konzentrieren, mit ihren Handflächen auf eine weiche Oberfläche zu schlagen und das Wort der Befreiung zu rufen. Es kann sein, dass sie anfangen zu weinen oder sehr emotional reagieren, das ist gut, aber verletzen sie sich nicht selbst oder jemand anderen, sonst werden sie auf dem Weg, diese Kraft zu meistern, zurückfallen. Erinnern sie sich daran, woher der Schmerz kam, als sie sich unter den Menschen allein gefühlt haben, und lassen sie ihn friedlich, aber mit Nachdruck aus ihrem System verschwinden.

Setzen sie sich nach ein paar Minuten hin, schauen sie nach oben und atmen sie ruhig. Akzeptieren sie das Leben, sie sind der Einzige, der für ihre Bedürfnisse sorgen kann. Denken sie daran, dass sie nicht allein sind. Wenn sie sich selbst oder jemand anderen verletzt oder etwas kaputt machen, üben sie sich nicht in Selbstbeherschung. Aber warten sie nicht, bis sie ein Meister sind, bevor sie anfangen, als Lehrling zu üben, denn sonst werden sie sich nie selbst meistern.

Entspannen sie sich, aber meditieren sie nach dieser Übung nicht. Kümmern sie sich um ihre Gefühle. Entwickeln sie Mitgefühl und Vergebung. Seien sie eine Zeit lang sanft zu sich selbst. Suchen sie eine stille Umgebung auf, wenn sie können.

Den Vulkan beobachten

Wut spielt eine große Rolle bei unseren Reaktionen auf andere Menschen, unsere Umwelt und unser eigenes Leben. Je mehr wir die Kraftenergien in unserem Körper erwecken und je mehr wir die verborgenen Fähigkeiten unseres Unterbewusstseins freilegen, desto eher sind wir versucht, wütend zu werden. Deshalb ist es wichtig, die Wut zu verstehen und sie zu beherrschen. Beherrschen sie ihre Wut, und sie werden sich schneller entwickeln können.

Die Emotion/Energie des Ärgers ist genau die gleiche wie die der Freude. sie kommt aus derselben Quelle und geht in dieselbe Richtung, aber sie hat einfach nicht dieselbe emotionale Polarität. Wut und Freude entstehen im Damm, an der Basis der Wirbelsäule, steigen in unseren Körper empor, um eine äußere Reaktion hervorzurufen. Je mehr Selbstvertrauen sie gewinnen, desto mehr werden sie versucht sein, ihre Freude nach außen zu tragen, aber auch ihren Ärger. Es ist wichtig, Selbstvertrauen zu entwickeln, und es ist auch wichtig, sich der Konsequenzen bewusst zu sein und die Art und Weise, wie man sie ausdrückt, zu beherrschen. Vertrauen sie sich selbst, und bleiben sie sich dessen bewusst.

Zorn ist ein Feuer, das in ihrem Körper aufsteigt, um ihnen die moralische und physische Kraft zu geben, sie im Falle eines

Angriffs zu verteidigen. In der Polarität der Freude ist es eine Kraft, die ihren Energiekörper nähren kann, um sich in äußeren Wirkungen zu manifestieren. Sie gibt ihnen mehr Kraft, mehr Geschwindigkeit und schnellere Reaktionen. Sie wird ihre okkulten Übungen verbessern. Zorn wird sie höchstwahrscheinlich überwältigen und ihre eigene Niederlage herbeiführen und ihnen viel Schmerz bereiten.

Obwohl sie mit innerem Schmerz einhergeht, darf man der Wut keinen freien Lauf lassen; sie muss beherrscht werden. Betrachten sie den Zorn wie eine Lavaquelle, die aus der Erde kommt. Sie bricht aus wie ein Vulkan, und es erfordert großen Mut, sich neben sie zu setzen und zu entspannen. Aber genau das sollten sie tun. Selbst wenn sie stehen, setzen sie sich innerlich auf den Boden, direkt neben den Lavastrom und betrachten sie ihn. Atmen sie tief durch.

Ziehen sie ihren Bauch ein und entspannen sie ihn. Achten sie zudem auf den Moment, in dem sich ihre Bauchmuskeln in der Entspannungsphase lösen. Achten sie darauf, wie ihr Körper dies tut. Auf die gleiche Weise, auf die ihre Bauchmuskeln anspannen, werden sie jetzt ihre Wut entspannen. Sie wird immer noch da sein, sie wird immer noch schmerzhaft sein, aber sie wird nicht mehr aktiv sein. Entspannen sie ihren "Wutmuskel". Lösen sie die Spannung in Ihnen. Versuchen sie nicht, es sich bequem zu machen, denn in diesem Moment können sie es sich selbst nicht bequem machen. Entspannen sie sich einfach, sitzen sie am Lavafluss und betrachten sie den ausbrechenden Wutvulkan, ohne etwas zu tun. Atmen sie tief und ruhig. Tun sie äußerlich so, als ob nichts geschehen wäre, innerlich wissen Sie, dass es geschieht, und kontemplieren es.

Wenn sie diese Technik beherrschen, werden sie die Wut in sich beherrschen können, und die Kraft in ihnen wird noch höher aufsteigen können. Sie wird noch mehr Wut und Freude auslösen. Bringen sie ihre Freude laut zum Ausdruck, wie immer sie wollen, mit Respekt für andere. Aber sie wissen, was sie mit ihrer Wut zu tun haben. Lassen sie sie ruhig und friedlich abklingen.

Manche Menschen versuchen, diese Technik anzuwenden, aber das Einzige, was sie wirklich tun ist, immer mehr Wut in aufzustauen, ihren Ausbruch zu unterdrücken und sich selbst Schaden auf körperlicher und nervlicher Ebene zuzufügen. Wenn sie spüren, wie es sich in ihnen aufstaut, entspannen sie nicht die Wut, sondern halten sie nur zurück. Sie sollten sie herauslassen, ohne jemanden zu verletzen, auch nicht sich selbst, ohne etwas kaputt zu machen. Behalten sie sie nicht in sich. Sie werden wissen, wann sie den Vulkan erfolgreich kontempliert haben. Dann gibt es keinen Druck mehr in ihnen, auch wenn es Konflikte und Schmerzen gibt, und sie spüren die Energie, die von der Wut ausgeht, ohne den zerstörerischen Aspekt, der mit ihr verbunden ist.

Die Tugenden des Mitgefühls und der Bescheidenheit werden ihnen helfen, ein Meister in dieser Technik zu werden und sie werden in der Lage sein, ihr Leistungsniveau noch weiter zu steigern. Wenn sie hier nur einmal versagen, können sie nicht vorgeben, ein Meister zu sein, da sie nicht einmal sich selbst beherrschen können. Lassen sie sich nicht entmutigen, alle Meister wurden nicht mit vollständiger Kontrolle über ihre Gefühle geboren. Der wahre Krieg kommt von innen, die wahre Macht kommt von innen und die wahre Freude kommt von innen.

Lösung eines Problems

Wenn wir mit einer Herausforderung im Leben konfrontiert werden, ist unser menschliches Ego immer versucht, schnell nach einer vorgegebenen Konditionierung zu reagieren, die Konflikte und Misserfolg fördert. Mit Zeit und Übung können wir neue Reflexe entwickeln, die tugendhaft und auf eine friedliche Lösung und gemeinsamen Erfolg ausgerichtet sind. Obwohl sich diese positiven Reaktionen schnell auf unseren mentalen Prozessen niederschlagen können, bedarf es anfangs einer geduldigen Beobachtung unserer angeborenen Verhaltensweisen.

Der erste Schritt besteht darin, zu lernen, wie man die sofortigen zerstörerischen Reaktionen unterlässt. Wir nennen diese Tugend "Mäßigung". Indem sie vorübergehend die inneren Impulse stoppen, die stark von innen heraus dazu aufrufen, alle Menschen zu zerstören, die mit dem Thema des Konflikts verbunden sind, und indem sie die gleiche Kraft aufwenden, um eine friedliche Haltung beizubehalten, entwickeln sie auch eine Willenskraft, die für die Entwicklung der eigenen inneren Kraft sehr nützlich ist. Während es sich empfiehlt, tief zu atmen, möchten sie auch Vergebung und Mitgefühl entwickeln.

Solange sie die falschen Gedanken hegen: "Ich kann ihm nicht verzeihen" oder "Es ist seine Schuld, nicht meine", fliehen sie vor ihrer inneren Kraft. Ein mächtiger Meister ist jemand, der sich dafür entscheiden kann, selbst die schlimmsten Vergehen zu verzeihen, sofern er das möchte. Diese Tugend wird Gerechtigkeit genannt und spiegelt die Güte des Herzens wider. Sie bedeutet nicht, dass der andere das Recht hatte, sie zu unterdrücken, sondern sie bedeutet, dass sie stark genug sind, um die Situation zu beherrschen, und dass sie darauf vertrauen, dass alles gemäß der göttlichen Gerechtigkeit gelöst werden wird. Der Glaube ist ebenfalls eine Tugend, die es zu entwickeln gilt. Sie sollten tief im Inneren wissen, dass alles gut werden wird.

Es gibt drei Rollen, die das menschliche Ego in einer Konfliktsituation einnimmt, und sie werden in der Regel benutzt, um Aufmerksamkeit zu erregen. Es sind die Rollen des Verfolgers, des Opfers und des Retters. Der Verfolger ist stolz auf seine überlegene, aber falsche Stärke, indem er das Opfer unterdrückt, das Aufmerksamkeit sucht, in der Hoffnung, in diesem betrügerischen Tanz des menschlichen Dramas einen Retter anzuziehen. Ohne Intervention der Tugend kommt nur Leid dabei heraus.

Wir empfehlen Ihnen, nicht länger die Rolle des Opfers zu spielen. Wünschen sie sich nicht insgeheim das Mitleid anderer. Seien sie stark und übernehmen sie in jeder Situation die Verantwortung. Stärke ist eine Tugend die sie aus jedem Konflikt herausführen wird, ohne dass jemand verletzt wird. Stärke ist der Wille, nach einem von der Gerechtigkeit vorgegebenen Weg zu handeln. Ebenso sollten sie aufhören, die Rolle des Verfolgers zu spielen und ihre Stärke nicht dazu benutzen, andere zu unterdrücken. Das entspräche nur dem Laster des Zorns und des Stolzes. Und schließlich sollten sie nicht die Rolle des Retters spielen, wenn sie im Sinne der Gerechtigkeit handeln. Die Rolle des Retters dient nur dem menschlichen Ego, das nach Aufmerksamkeit und Anerkennung für die Anwendung von Gerechtigkeit heischt. In den meisten Fällen entspricht das Verhalten des Retters nicht der wirklichen Gerechtigkeit und dient nur dem Laster des Stolzes.

Wenn sie mit einem Konflikt konfrontiert werden und ihr Temperament mit Mäßigung beherrschen, verarbeiten sie die

Situation mit Intelligenz und suchen sie nach einer Lösung, die richtig im Sinne der Gerechtigkeit ist. Seien sie demütig genug, um ihren Teil des Stocks loszulassen. Ohne vor der Ungerechtigkeit einzuknicken, vergewissern sie sich, dass es nicht ihr eigener Neid, Geiz oder Völlerei ist, der sie zu irgendeiner Handlung antreibt. Wenn sie die wahre Gerechtigkeit einer Situation erkannt haben, bringen sie sie zum Ausdruck und handeln sie danach; aber ist das immer die weiseste Art zu handeln? Eine weitere Tugend ist die Klugheit. Bringen sie sich nicht in Gefahr, auch wenn die Gerechtigkeit sie dazu veranlassen würde, die Waffe in die Hand des Diebes zurück zu geben! Leben sie lange genug, um ihre Tugenden zu entwickeln.

Oft würden wir uns gerne gegen jede Ungerechtigkeit, die wir um uns herum sehen, zur Wehr setzen, aber das wäre nur Hochmut, denn die Tugend ist nicht dazu da, dass sie ihre Frau oder ihren Mann, ihren Job oder sogar ihr Leben verlieren. Seien sie dankbar für das, was sie haben, achten sie darauf, es zu schützen, aber seien sie bescheiden genug, um vor den Ereignissen des Lebens niederzuknien und zweimal nachzudenken, bevor sie handeln, auch wenn sie sich sich von Gerechtigkeit und Stärke begleitet fühlen. Sollten sie in manchen Fällen die Tugenden Nächstenliebe und Glaube entwickeln?

Wenn sie es für angebracht halten, ein Problem zu erörtern, dann tun sie dies in Ruhe, und jeder Beteiligte sollte dem anderen die Möglichkeit geben, seinen eigenen Standpunkt darzulegen. Wenn ein

Krieg bevorsteht, sollten sie abwägen, ob die möglichen Opfer den Kampf wert sind. Es ist selten, dass die göttliche Wahrheit irgendeinem Krieg zustimmt, aber sie wird zu jeder Zeit die Anwendung von Gerechtigkeit fördern.

Eine Tür zur Macht

Tugenden

Die stärkste und direkteste Verbindung zur Macht ist die Entwicklung von Tugenden. Ihre Energiekörper manifestieren sich ständig entsprechend der Art von Person, die sie sind. Wenn sie Tugenden entwickeln, ist ihr Energiesystem mächtiger, als wenn sie sich ständig in ritueller und spiritueller Übung befinden. Mit entwickelten Tugenden befinden sie sich in einem ständigen Zustand des Rituals, der Meditation, der Kontemplation der Schönheit der Welt. Mit Tugenden sind sie immer in einem Zustand der Kraft gegenüber dem

Universum, und das Universum gehorcht demjenigen, der die Methoden entwickelt hat, es zu beherrschen.

Obwohl es viele Tugenden gibt, hier eine kurze Beschreibung von sieben Haupttugenden, die einen direkten Zusammenhang mit den sieben Siegeln haben.

Mäßigung

Geben sie nicht dem Zorn nach. Geben sie nicht einem vorschnellen Urteil nach. Seien sie mitfühlend. Halten sie durch, wenn sie anderen helfen können, die Liebe zu entdecken. Lächeln sie und freuen sie sich über das, was das Leben ihnen gegeben hat. Akzeptieren sie ihre Rolle im Universum, und arbeiten sie daran, sie zu entdecken. Seien sie nicht empfindlich. Nehmen sie nichts persönlich. Seien sie vorsichtig mit ihren Worten, wenn sie auf eine Beleidigung antworten. Wenn sie jemand beleidigt, sagen sie, dass es ihnen leid tut, wenn sie sie beleidigt haben sollten.

Gerechtigkeit

Integrität, Ehrlichkeit, Wahrheit. Handeln sie so, wie sie wissen,

dass es richtig ist. Tun sie ihr Bestes, um die menschlichen Gesetze ihres Landes zu respektieren. Tun sie darüber hinaus das, was sie nach den Gesetzen des Universums für das Beste halten. Es kann einige Zeit dauern, die Gesetze des Universums zu verstehen, aber tief in uns wissen wir alle, was richtig oder falsch ist. Treffen sie keine Entscheidungen, die sie zu Missbrauch verleiten. Lassen sie sich von niemandem missbrauchen. Akzeptieren sie es, weniger zu verdienen, wenn es richtig ist, und verteidigen sie ihr Recht auf Gewinn, wenn es richtig ist, dies zu tun.

Stärke

Bewegen sie sich, halten sie nicht an, es sei denn, es ist notwendig. Entschließen sie sich zu friedlichen Aktionen. Machen sie einen Plan und setzen sie die notwendige Energie ein, um ihn zu verwirklichen. Machen sie einige körperliche Übungen, um ihre physische Stärke zu erhöhen. Übertragen sie dann das Gefühl der Stärke auf eine höhere Ebene, indem sie die Analogie als Werkzeug benutzen. Dies wird Ihnen helfen, die mystische Symbolik der inneren Stärke zu verstehen.

Glaube

Das Universum, die große Liebe des Universums, wird sich um sie kümmern. Sie sollten wissen, dass sie sich in einem Klassenzimmer befinden, in einer Erfahrung, in der sie lernen sollen, sich selbst zu beherrschen. Verwirklichen sie alle ihre Projekte mit der Hilfe Gottes. Kümmern sie sich um die Angelegenheiten Gottes, und Gott wird sich um ihre menschlichen Angelegenheiten kümmern. Gott ist ohne Gestalt, ohne Namen, ohne eine bestimmte Identität. Er ist die absolute Wahrheit des Universums, und er liebt sie. Sie sind niemals allein.

Wohltätigkeit

Geben sie anderen ohne irgendeinen Ausgleich. Erwarten sie keine Anerkennung oder Gegenleistung. Geben sie, ohne etwas zu erwarten. Ruinieren sie sich nicht. Verschenken sie nicht ihren materiellen Lebensunterhalt; das wäre nicht klug. Schenken sie ihre Zeit, schenken sie Mitgefühl, kümmern sie sich um andere und kümmern sie sich dabei auch um sich selbst. Schenken sie Liebe, nur um Liebe zu schenken. Geben sie sich selbst die Gelegenheit, andere mehr zu lieben, als sie es gestern getan haben. Kümmern sie sich um ihr Herz und spielen sie nicht das „Retter"-Spiel.

Besonnenheit

Denken sie darüber nach, bevor sie sich bewegen. Schaffen sie Vertrauen und entwickeln sie Verantwortungsbewusstsein. Vergewissern sie sich, was sie tun. Seien sie vorsichtig mit jedem Detail. Glauben sie nicht, dass schon nichts schiefgehen wird, kümmern sie sich persönlich darum. Studieren Sie, bauen sie auf, und überprüfen sie. Dann handeln Sie, halten sie nicht aus Angst inne, denn Zögern ist keine Klugheit.

Hoffnung

Hoffnung ist eine höhere Form einer positiven Einstellung und ein konkreterer Ausdruck von Glauben und Selbstvertrauen. Es ist die Entschlossenheit, niemals der Negativität nachzugeben, niemals das Opfer der Ereignisse zu spielen, die ihr Leben ausmachen. Lächeln Sie, vertrauen sie auf sich selbst, seien sie positiv, und wissen Sie, dass alles gut werden wird. Es ist leicht, diese Einstellung aufrechtzuerhalten, wenn sie tief in ihrem Inneren wissen, dass jedes Ereignis, das Ihnen negativ erscheint, nur eine Lektion ist, die sie durchlaufen müssen, und eine Erfahrung der Erkenntnis, die Ihnen das höhere Bewusstsein schickt.

Auswirkung

Viele wollen mit wenig Aufwand, wenig Investition und wenig Zeit große Macht entwickeln. Es ist möglich, sich schnell zu entwickeln, aber eine Selbstverbesserung ist dabei unumgänglich.

Wert und Austausch

Es ist wichtig, den Wert des heiligen Wissens, das sie erwerben, zu erkennen. Es ist wichtig, es zu hegen und es nicht einfach irgendjemandem vor die Füße zu werfen, der es dann zerstören oder verstümmeln würde. Das okkulte Wissen ist zu wichtig, um nicht als von unschätzbarem Wert angesehen zu werden. Sie müssen es für sich selbst behalten und es nur dann offenbaren, wenn der Suchende vor Ihnen Anzeichen der Einsicht und des Respekts gezeigt hat. Es gibt einen spirituellen Preis dafür, jemandem ohne Respekt okkulte Geheimnisse von großem Wert zu offenbaren. Wenn Mönche etwas von ihrem Meister lernen wollten, mussten sie den ganzen Tag hart arbeiten und etwas zu essen mitbringen. Dann würde der Meister das Gleichgewicht des Austauschs beurteilen und dem Suchenden etwas esoterisches Wissen offenbaren. Der Austausch darf nicht missbraucht werden, muss aber dennoch ausgewogen sein. Sie dürfen sich niemals ruinieren, um okkultes Wissen zu erlangen, aber sie werden sicherlich kein

Wissen von großem Wert erlangen, wenn sie sich nicht in gewisser Weise bemühen und Opfer bringen.

Sie werden nur dann große Kraft entwickeln, wenn sie in sich selbst bestätigen, dass sie das heilige Wissen wertschätzen, und wenn sie physisch so handeln, dass sie dieses Wissen schützen und wertschätzen. Wir nennen diese Haltung den "Sinn für das Heilige". sie ist eine notwendige Eigenschaft, um große Macht in jedem okkulten Bereich zu erlangen.

Zeit und Willenskraft

Sie werden keine übersinnlichen Kräfte entwickeln, wenn sie nur einmal 5 Minuten lang eine Methode anwenden. Sie werden nicht einmal etwas erreichen, wenn sie 1 Stunde lang üben und dann direkt wieder aufhören, weil sie keine Ergebnisse erzielt haben.

Um große Kraft zu entwickeln, müssen sie jeden Tag mindestens 5 Minuten pro Tag üben, und einmal pro Woche mindestens eine zusammenhängende Stunde. Tun sie jeden Tag etwas, auch wenn es ein einfacher Gruß an ihren Altar ist, aber tun sie es.

Um sich schnell weiterzuentwickeln, können sie versuchen einen ganzen Monat lang 20 Minuten am Tag zu üben. Alle, die entschlossen ihrem eigenen spirituellen Weg gefolgt sind, haben von innen heraus eine gewisse Transformation und Erhöhung erreicht. Wenn in ihrem Innern nichts passiert, ist es möglich, dass sie sich selbst nicht mit einer "heiligen" Haltung und mit Respekt vor dem Wert des Wissens eingebracht haben.

Einige Freaks haben jeden Tag in der Woche 30 Minuten lang Techniken angewandt und manchmal am Wochenende eine ganze Stunde lang geübt. Nach nur 3 Monaten haben diese Leute Energieströme gespürt, Ergebnisse in ihrem persönlichen Leben erzielt, sind sich ihrer Muster bewusst geworden, die sie vorher nicht bemerkt hatten. Daraufhin studierten sie esoterisches Wissen, bewahrten eine heilige Haltung und kümmerten sich um ihren Körper.

Bestimmen sie es für sich selbst und tun sie es. Wenn sie sich jeden Tag nur 5 Minuten nehmen, werden sie Resultate erzielen.

Der Verstand

Denken wie ein Tier

Der Reptilienverstand

Der Reptilienverstand ist ein Teil des Gehirns, der die tierischen Instinkte steuert. Der Verstand eines Reptils ist auf das Überleben und das Besiegen anderer ausgerichtet. Er denkt daran zuzuschlagen, das Hindernis zu beseitigen, ungeachtet der Konsequenzen. Es gibt keinen Geist von Wettbewerb und Eroberung im Reptilienverstand, da solche Konzepte zu weit entwickelt sind, sondern nur das Erreichen eines ultimativen Ziels der Vorherrschaft.

Das menschliche Tier enthält rohe Kraft. Wenn es nicht kontrolliert wird, unterliegt es seinem Reptilienverstand und wir können die unweigerlich folgende Katastrophe erahnen. Ziel der spirituellen Techniken ist es, die innere Kraft zu beherrschen. Es ist wichtig, dass wir uns der Handlungen, die wir ausführen, bewusst sind. Einige unserer Reaktionen sind vorprogrammiert, und wir wissen es nicht einmal, bis uns der Biss der Kobra trifft und wir sagen:

"Ups, das wollte ich nicht tun, das wollte ich nicht sagen". Natürlich wollten sie das nicht, aber es ist passiert. Das ist alles Teil des Weges zur Entwicklung der Meisterschaft.

Der tierische Teil unseres Geistes ist die Zauberei des Menschen. Das Reptil ist der Stachel, der jeden trifft, der ihm zu nahe kommt. Sein Schwanz und seine Peitsche sind wie ein Speer, der ohne jede Vorwarnung schnell zusticht. Es ist der Buchstabe Tzedek des hebräischen Alphabets. Er ist die Inspiration hinter den Zaubersprüchen der Liebe und des Hasses. Ohne Freundlichkeit gäbe es nur Terror. Unser tierisches Selbst ist mächtig und unser spirituelles Ziel ist es, es zu beherrschen.

Betrachten sie sich selbst. Wann urteilen sie zu schnell? Wann behandeln sie ihre Mitmenschen schlecht? Wann lügen Sie? Entscheiden sie sich für Momente, in denen sie die Wahrheit sagen, und für Momente, in denen sie die Tatsachen verändern? Halten sie sich selbst für integer? Deine Peitsche ist der Stachel Reptils. Deine Peitsche ist das Schwert, mit dem du deine Umgebung schlägst, sowohl physisch als auch magisch.

Ihre Worte sind der erste Aspekt ihrer Arbeit mit der Kraft der Manifestation. Die Worte, die sie in ihrer täglichen Konversation wählen, sind die Säulen ihrer Fähigkeit, etwas zu erschaffen und

Ereignisse auszulösen. Wenn sie ihr Vokabular mit Hass oder

Vorurteilen einsetzen, legen sie damit ein fehlerhaftes Fundament für ihren inneren Arbeitsbereich.

Intelligente Menschen können ziemlich beeindruckende Pläne entwickeln, um die Ereignisse so ablaufen zu lassen, wie sie es sich wünschen, aber werden diese Aktionen im Einklang mit den Naturgesetzen durchgeführt, wobei sich alle Beteiligten der Inszenierung bewusst sind? Der Reptilienverstand ist die Quelle aller Manipulation. Wenn man sich einem Hindernis nicht stellen will, kann man genauso gut die Ereignisse manipulieren, um sich zu emanzipieren, ohne sich dem Hindernis jemals stellen zu müssen. Das führt zu Manipulation, Chaos, Missverständnissen, Angst, Schmerz und Wut. Ein Hindernis ist immer da, um sich ihm zu stellen oder um es zu lösen. Natürlich besteht die Lösung nicht immer darin, dem Hindernis ins Gesicht zu springen und zu versuchen, es mit harten Schlägen niederzustrecken. Gewalt ist auch keine Lösung, weder physisch noch mit Worten.

Der Reptilienverstand wird sich immer für die Tarnung und die Illusion entscheiden. Wenn er eine Gelegenheit dazu sieht, wird er zuschlagen, um zu siegen. Dies manifestiert sich in unseren menschlichen Handlungen und Worten. Es ist notwendig, bewusst zu bleiben und mit Gerechtigkeit zu handeln. Wir haben nicht das

Recht, Gerechtigkeit zu fordern, wenn wir in den Momenten, in denen wir uns abwenden, ohne sie handeln. Bevor wir die Achtung unserer Rechte einfordern, müssen wir unsere Verantwortung vor unserem höheren Geist übernehmen und entsprechend handeln.

Erhöhen sie sich selbst

Stellen sie sich vor, sie wären ein Ritter, gekleidet in einen glänzenden Plattenpanzer. sie haben kleine weiße Federflügel auf dem Rücken, die menschliche Version der spirituellen Flügel der Engel. Sie treten mit ihrem rechten Fuß auf den Kopf einer Schlange. Atmen sie ein paar Minuten lang tief, mit Freude und Kraft.

Die Schlange, das Tier, das Reptil, ist ein Teil ihres Selbst. Sie, als göttliches Wesen, treten auf ihren Kopf, als ein menschliches Reptil. Jeder Mensch hat irgendwo eine arrogante Haltung versteckt und wird sie in dem Moment zum Vorschein bringen, in dem er sich mächtig fühlt. Entwickeln sie die Fähigkeit, bescheiden zu bleiben, während sie sich in einer Situation der Macht befinden. Suchen sie tief in ihrem inneren Selbst: Wollen sie mit dieser Macht Stolz und Verdienst hervorrufen?

Erfahrung 1: Üben sie sich darin, bescheiden zu sein. Sprechen sie an einem bestimmten Tag den ganzen Tag lang kein einziges Wort. Nicht einmal ein Ton sollte aus ihrem Mund kommen. ihre Stimmbänder sollten nicht einmal vibrieren. Keine Zeichensprache, keine Schrift, keine Kommunikation in irgendeiner Form. Wenn sie diese Erfahrung machen, werden sie vielleicht feststellen, dass ihr menschlich-tierisches Selbst die Ereignisse kontrollieren und mit der Erfahrung kämpfen will. Sie sollten ihre Erfahrung so gestalten, dass sie den ganzen Tag über allein sind und sich in einer sehr ruhigen Umgebung befinden. Diejenigen, die das gemeinsam machen wollen, würden noch mehr innere Kämpfe auslösen, um mit dem anderen zu sprechen.

Erfahrung 2: Halten sie sich selbst davon ab, etwas zu benutzen oder zu tun, was sie wirklich mögen, während sie den Wunsch auslösen, es zu tun/zu benutzen. Wenn zum Beispiel gerne Pfeffer und Salz auf ihr Essen streuen, stellen sie Pfeffer und Salz während der gesamten Mahlzeit vor sich hin, ohne sie auch nur zu berühren, aber schauen sie sie ab und zu an. Machen sie dies eine ganze Woche lang mit einem einzigen Gegenstand. Üben sie, sich selbst etwas vorzuenthalten, um in der Lage zu sein, mit größerer Leichtigkeit ertragen zu können etwas Größeres entbehren zu müssen.

Diese beiden Erfahrungen werden Ihnen helfen, Willenskraft zu entwickeln. Wenn sie mit einer Situation konfrontiert werden, in der sie spirituelle, okkulte Kräfte einsetzen könnten, um auf ungerechte Weise zu bekommen, was sie wollen, werden sie in der Lage sein, der Versuchung zu widerstehen. Entwickeln sie Integrität und Gerechtigkeit in jedem Aspekt ihres Lebens. Verlangen sie das nicht von denen, die sie umgeben, sie sollten sogar Mitgefühl entwickeln, um in der Lage zu sein, die Verhaltensweisen anderer zu tolerieren, die nicht den ihren entsprechen.

Sie sind derjenige, der danach strebt, ein Ritter der Gerechtigkeit zu werden und die Instinkte des Reptils zu beherrschen, und sie sollten solche Methoden nicht anderen aufzwingen. Verurteilen sie nicht andere, wenn sie aus Arroganz, Eitelkeit oder Verrat handeln. Verwandeln sie sich in einen Ritter, werden sie zum Beherrscher des tierischen Verhaltens und sie werden die Freiheit haben, ihre Kraft nach ihrem Willen und Befehl zu lenken.

Vergessen sie nicht ihr menschliches Ich. Jedes Anzeichen von Arroganz ist ein Beweis dafür, dass sie die Kontrolle über ihr menschliches Tier verloren haben. Seien sie nicht so überheblich, dass sie glauben, sie hätten das menschliche Tier gemeistert, solange sie nicht wirklich ein Meister sind. Seien sie bescheiden, seien sie glücklich, atmen sie tief durch und üben sie.

Die Angst vor den Elementen

Elementare Ängste und Selbstbeherrschung

Die menschliche Ethnie hat aufgrund ihrer effizienten Abwehrmechanismen all die Jahrtausende überlebt. Der Prozess der Angst war lange Zeit ein wesentlicher Bestandteil des Überlebens. Mit der Zeit entwickelten wir uns zu Menschen mit mehr Bewusstsein und intellektueller Entwicklung. Dennoch sind wir den tierischen Verhaltensweisen von früher verhaftet. Diese Verhaltensweisen sind ein großes Hindernis für unsere Selbstentwicklung und behindern die Öffnung der Energiewirbel, die notwendig sind, um mehr Energie durch unseren Körper zu leiten.

Die Angst vor Feuer ist stark genug, uns handlungsunfähig zu machen, wenn wir mit einer Flamme konfrontiert werden, die größer ist als alles, das wir normalerweise bewältigen können. Natürlich benutzen wir Herde und Öfen, Kerzen und Kamine, aber unsere Angst vor Feuer ist immer noch vorhanden.

Viele Menschen haben Höhenangst, einige auch Angst vor starkem Wind. Andere haben Angst vor dem Wasser selbst oder davor, den Grund eines Sees mit den nackten Füßen zu berühren. Unsere Ängste vor den Elementen sitzen tiefer, als wir denken. Bevor sie sagen, dass sie keine Angst vor Wasser haben, sollten sie sich einmal fragen, ob sie es 30 Sekunden lang ohne jegliche Ausrüstung auf dem matschigen Grund eines Sees aushalten können, der drei Meter tief ist. Bevor sie behaupten, dass sie keine Angst vor Wind haben: Sind sie schon einmal mit dem Fallschirm gesprungen, und zwar mehrfach?

Unsere Angst vor der Erde hängt auch mit der Angst vor dunklen, geschlossenen Räumen zusammen, etwa, wenn wir eine Stunde lang allein in einer dunklen Höhle sind.

Neben der physischen Manifestation der Elemente gibt es auch einen emotionalen Aspekt unserer elementaren Ängste. Unsere Angst vor der Erde ist unsere Angst davor, ohne genug Substanz zum Überleben allein gelassen zu werden. Unsere Angst vor Wasser ist unsere Eifersucht, unser Bedürfnis, begehrt zu werden und Kontrolle über andere zu haben. Unsere Angst vor Luft ist sowohl unser Gefühl von Überlegenheit und Unterlegenheit. Unsere Angst vor Feuer ist unsere Angst vor Wut und Gewalt.

Unser physischer Körper enthält programmierte Reaktionen, die als Instinkt bezeichnet werden. Unser Instinkt ist sowohl ein wertvolles

Instrument der Vorhersage als auch eine Falle der Angst. Früher war es wichtig, alles zu tun, um unsere Fähigkeit zur Fortpflanzung und zur Gründung einer Familie zu schützen. Zu diesem Zweck entwickelten wir Eifersucht, Besitzdenken und aggressive Reaktionen auf Konkurrenz. Wir taten auch alles, was wir nur konnten, um materielle Güter anzuhäufen, um für Notzeiten vorzusorgen. Der

Neid trieb die Stärksten dazu, Könige zu werden. Der Ehrgeiz stand unter der Kontrolle des tierischen Geistes. Solange sie sich an diese vergangenen Reaktionen klammern, werden sie in ihrem Herzen Schmerz erzeugen. Diese Instinkte sind dazu da, ihnen zu helfen, nicht um ihre Entwicklung zu behindern.

Um ihren Energiefluss mit Intensität und Kraft zu verstärken, müssen sie sich ihren tierischen Ängsten stellen, um sich ihrer bewusst zu werden. Seien sie kein Narr und werfen sie sich in ein brennendes Feuer, nur um sich selbst zu beweisen, dass sie keine Angst mehr vor Feuer haben. Eine Angst zu besiegen, bedeutet nicht, sich dumm zu verhalten. Nehmen sie sich die Zeit, ihre Verhaltensweisen zu beobachten und versuchen sie herauszufinden, welche nicht mehr nützlich für sie sind.

Wenn sie merken, dass sie ein Heuchler oder Manipulator sind, verurteilen sie sich nicht zu hart. Diese Verhaltensweisen waren lange

Zeit notwendig, damit ihre Ethnie überleben konnte, also vergeben sie sich selbst und arbeiten sie daran, ein besserer Mensch zu werden.

Die Korrektur ihrer Verhaltensweisen kann eine ganze Weile in Anspruch nehmen, bevor sie verschwinden, denn sie sind seit Tausenden von Jahren vorhanden und wurden von den Eltern auf die Kinder und dann von deren Eltern auf deren Kinder übertragen. Glauben sie niemals, dass sie über all dem stehen. Ihr menschlicher Körper ist immer noch ein Tier. Selbstbeherrschung beginnt mit der

Demut, den Punkt zu akzeptieren, an dem sie jetzt stehen und dem Mut, den nächsten Schritt anzugehen.

Besiegen sie die Angst vor den Elementen

Unter den verschiedenen Ängsten, die wir haben, ist die Angst vor den Elementen ein großes Hindernis für unsere Selbstverwirklichung. Wir glauben, dass Feuer unsere größte Angst wäre, aber auch Erde, Wasser und Wind bergen ihren Teil der Bedrohung. Um unsere Ängste vor den Elementen zu überwinden, müssen wir sie zunächst verstehen.

Während der folgenden Erfahrungen, wenn Ängste an die Oberfläche kommen, atmen sie tief ein und nehmen sie sich ein

paar Sekunden oder sogar eine Minute Zeit, um die Angst und das, was dahinter steckt zu spüren. Spüren sie ihre Emotionen und lassen sie alles wach werden, während sie sanft atmen.

Unsere grundsätzliche Angst vor Feuer ist einfach zu begreifen: Es kann uns schwer verletzen. Da wir uns vor dem Feuer fürchten, neigen wir dazu, uns ihm nicht zu nähern, auch wenn ein wenig Nähe uns nicht schaden würde, wir bleiben so weit wie möglich weg, um sicher zu stellen, dass wir nicht verletzt werden. Das ist an sich schon ein Problem, weil wir unser Verhalten nicht nach unserem Urteilsvermögen bewerten, sondern uns einer tierischen genetischen Reaktion unterwerfen.

Um das Feuer zu beherrschen, dürfen wir uns natürlich nicht verletzen. Aber wir müssen experimentieren, um zu sehen, wie nahe wir ihm kommen können, ohne uns zu verletzen. Beginnen sie mit einer einzelnen Kerze und führen sie ihre Hand schnell darüber, dann langsam, dann näher und experimentieren sie mit dem Gefühl, bis es unbehaglich brennt. Halten sie es nicht bis zu dem Punkt aus, an dem sie sich verletzen. Das Ziel ist es, Selbstbeherrschung zu entwickeln, nicht masochistisch zu sein. Sich selbst zu verletzen ist ein Mangel an Liebe zu sich selbst.

Nachdem sie ihre Grenzen im Umgang mit einer Kerze kennengelernt haben, nähern sie sich brennenden Holzscheiten im Feuer. Scheuen sie sich nicht, ein Holzscheit an einem kühleren Ende zu nehmen, während das andere Ende glühend heiß ist. Das Ziel ist auch hier, Selbstbeherrschung zu erlangen. Wenn sie sich selbst verletzen, beherrschen sie sich nicht. Seien sie vorsichtig. Wir wollen die tierische genetische Reaktion des menschlichen Körpers durchbrechen und trotzdem unsere Sicherheit gewährleisten, indem wir uns unserer Grenzen bewusst sind.

Von einem Meister dieser Kunst zu lernen, wie man Feuer spuckt, wäre ein nächster Schritt. Eines Tages möchten sie vielleicht sogar eine Feuerlauf-Einweihung machen. Tun sie das allein. Dies muss durch eine Einweihung bestanden werden.

Was die Angst vor der Luft angeht, einen geschützten Turm zu besteigen, wird etwas Höhenangst in ihnen auslösen. Wenn sie einen weniger geschützten hochgehen, wird dies größere Angst auslösen. Spielen sie nicht mit ihrem Leben, sondern mit ihrer Angst. Seien sie vernünftig, bewusst und entwickeln sie Selbstbeherrschung, nicht Selbstdummheit. Seien sie vorsichtig und triggern sie ihre Angst. Seien sie sich ihrer aufsteigenden Emotionen bewusst und atmen sie in sie ein. Ein nächster Schritt könnte das Fallschirmspringen sein.

Mit der Angst vor dem Wasser geht die Angst vor der Tiefe und die Angst vor dem Sterben einher. Üben Sie, den Kopf unter Wasser zu tauchen, dann unter mehr Wasser. Üben Sie, die Luft jedes Mal ein paar Sekunden länger anzuhalten. Mit der Zeit werden sie auf dem Grund eines Schwimmbeckens oder eines Sees in 5 Meter Tiefe sitzen und dort 20 Sekunden lang ausruhen, bevor sie wieder auftauchen. Danach entwickeln sie einfach ihre Tauchfähigkeiten, die zwar nichts mit unserem aktuellen Thema zu tun haben, aber gut für sie sein können. Seien sie sich ihrer Gefühle bewusst. Wenn sie wieder an die Oberfläche kommen, atmen sie, um Sauerstoff zu bekommen, aber auch, um sich ihrer Gefühle bewusst zu sein.

Mit der Angst vor der Erde kommt auch die Angst vor tiefen dunklen

Räumen. Üben Sie, 30 Minuten lang allein in einem stockdunklen Raum zu sein, ohne jedes Geräusch. Atmen sie sanft, um so wenig Geräusche wie möglich zu machen. Wenn sie eine sichere Möglichkeit finden, in eine Höhle zu gehen, gehen sie mitten in der Nacht dorthin, mit gerade genug Licht, um sich orientieren zu können. Bleiben sie eine Weile in einer pechschwarzen Umgebung, zum Beispiel in einem tiefen Wald, in einer Nacht ohne Mondschein. Üben sie nach einiger Zeit, ein paar Stunden oder ein paar Tage ganz allein zu verbringen, ohne irgendetwas zu tun. Versuchen sie, ein paar Tage ohne einen einzigen Laut aus ihrem Mund zu verbringen, in völliger Stille, ohne Musik und ohne einen nahen Fluss, dem sie zuhören könnten.

Bei all diesen experimentellen Aufgaben sollten sie sich selbst besser kennen lernen, ihre Grenzen erfahren und den genetischen Ursprung ihrer Ängste verstehen lernen. Es ist wichtig, all diese Erfahrungen zu machen, bevor sie sich daranmachen, die Elemente zu beherrschen und die Elementargeister herbeizurufen, damit sie sich in ihrer Gegenwart manifestieren.

Der Geist

Meditation

Das Licht ist überall, das Licht ist alles

Setzen sie sich im Schneidersitz hin. Atmen sie tief durch und entspannen sie sich. Denken sie an die "Stringtheorie" der Quantenphysik, wenn sie etwas darüber wissen. Denken sie an die Energie im Inneren von allem, kleiner als das Atom, um einen Zustand des Geistes, eine Kontemplation über die Basis der Schöpfung zu initiieren. Denken sie daran, dass das Licht überall, das Licht alles ist. Atmen sie eine Minute lang tief durch. Legen sie ihre Hände in die Meditationsgeste, beide Handflächen nach oben, eine Hand über die andere gelegt, wobei sich ihre beiden Daumen leicht berühren. Halten sie ihre Wirbelsäule aufrecht, aber ohne Anspannung.

"Licht ist überall", sprechen sie das in ihrem Geist. Denken sie an ihre unmittelbare Umgebung und denken sie an ihren eigenen Körper. "Licht ist alles", in ihrem Geist gesprochen. Denken sie an die

Zusammensetzung dessen, was sie umgibt, und an die Zusammensetzung ihres Körpers auf atomarer Ebene. Denken sie daran, dass alles aus Energie besteht. Materie ist aus Energie gemacht. Energie ist aus noch feinerer Energie geformt. Betrachten sie die mikrokosmische Wahrheit der Erzeugung.

Atmen sie sanft weißes Licht in ihren Körper ein.

Nachdem sie einige Minuten lang Licht eingeatmet, ihren Körper mit weißem Licht gefüllt und "Licht ist überall, Licht ist alles" kontempliert haben, fokussieren sie sich auf das Mantra "AUM". Wiederholen sie das "AUM" innerlich leise im Wissen, dass es die Basis der Schöpfung ist. Wiederholen sie das Mantra für eine Weile, solange sie wollen. Behalten sie den Grundgedanken von überall und alles im Kopf. Lassen sie ihren Geist in der absoluten Unendlichkeit aufgehen.

Wenn sie ihre Meditation beendet haben, wiederholen sie ein paar Mal "Licht ist überall, Licht ist alles", so dass es ein Teil ihres physischen Alltagslebens und meditativen Zustands wird. Öffnen sie ihre Augen, stehen sie auf, bewegen sie sich ein wenig und wiederholen sie den Satz, während sie sich wieder in der physischen Welt bewegen. Dies wird Ihnen einen greifbaren Zugang zu ihrer Fähigkeit zu manifestieren geben.

Die Yéouan Technik

Die Yéouan-Technik ist eine einfache Methode, um die Energien in ihrem Körper zum Schwingen zu bringen. sie dient als Grundlage, um die Stimme für die Vokalisierung zu üben,und sie entwickelt auch übersinnliche Fähigkeiten. Diese Keimlaute: Y, É, O, Ou, A und N sind sechs phonetische Laute, die ein Schlüssel dafür sind, ihr Energiesystem zum Schwingen zu bringen. Jeder von ihnen ist mit einem "Chakra" assoziiert, wie es im orientalischen esoterischen System genannt wird. Jedes Chakra ist eine Wahrnehmungsebene ihrer Seele. Diese einfachen Vokalisationsübungen werden sie auf den Fluss höherer Energien durch ihren Körper vorbereiten.

Grundlegende Mantras

Y

Das "ee" in speed,
In Verbindung mit dem dritten Augenchakra in der Mitte der Stirn wird dieser Klang die Entwicklung von Wahrnehmung und Genauigkeit auslösen. Mit der Zeit wird er Hellsichtigkeit entwickeln.

É

Das "ey" in "Hey", das "é" in resumé
In Verbindung mit dem Kehlen-Chakra an der Basis des Halses löst dieser Klang die Entwicklung von Kommunikation und Hellhörigkeit aus, der Fähigkeit, die spirituellen Ebenen zu hören.

O

Steht In Verbindung mit dem Herzchakra, wird er Intuition entwickeln helfen.

U

Das "oe" in "shoes", das "ew" in "few"
In Verbindung mit dem Solarplexus entwickelt es Empathie und Telepathie und stärkt ihre Aura.

A

Mit dem Hara, direkt unter dem Nabel, zusammenhängend, steigert ihr Energieniveau, fördert die Entwicklung des Gedächtnisses und die

Fähigkeit, sich an vergangene Erinnerungen zu erinnern (wir meinen weit zurückliegende Erinnerungen).

N

In Verbindung mit dem Basischakra, am unteren Ende der Wirbelsäule, erdet er die anderen Vokale und weckt die allgemeinen Energiesysteme.

Das "R" ist ein vibrierendes Geräusch, das ihre Chakren in rotierenden Energiekreisläufen aktiviert, und das "SH" füllt ihre Chakren mit Lebenskraft. Für Telepathie verwenden sie "RUSH". Für die Hellsichtigkeit verwenden sie ein langgezogenes "RISHI". Experimentieren sie mit den verschiedenen möglichen Kombinationen und spüren Sie, wenn möglich, die Bewegung der Energie in ihren Chakren.

Wenn sie diese Mantras vokalisieren, dehnen sie sie über einen ganzen Atemzug aus.

RRRRRRRRRRRRRUUUUUUUUUUUSHSHSHSHSHSHSHSH

RRRRRRRRRRRRROOOOOOOOOOOOOOOOOOOOOOOO

Wenn sie jeden Vokal vokalisieren, öffnen sie ihre Kehle weit und finden sie einen Weg, ihre Zunge und ihren Mund so zu platzieren, dass sie einen harmonischen, metallischen Klang in den hohen Frequenzen ihrer Stimme von sich geben. Dieser hohe Ton kommt mit Zeit und Übung und er wird viel effizienter sein.

Grundlegende Mantras der Yéouan-Technik

Machen sie diese Mantras nacheinander oder jedes 9-mal und entspannen sie sich. Atmen sie tief ein und dehnen sie jedes Mantra solange sie können, während der Klang noch klar ist. Vocalisieren sie laut, wenn sie können, ohne jemanden zu stören. Niemand sollte sie beim Singen der Mantras hören. Entspannen sie sich vor und nach dem Singen der Mantras. Sie können diese Praxis mit einer ruhigen Meditation begleiten.

Konzentrieren sie sich auf ihren Energiekörper
IIIIIIIIIIIIIIIIIIIIIÉÉÉÉÉÉÉÉÉÉÉÉOOOOOOOOOOUUUUUUU AAAAAAANNNNNNNN

Konzentrieren sie sich auf ihr drittes Auge
RRRRRRRRRRRRIIIIIIIIIIIIIIIIIIIIIIIIIIIIIIII

Konzentrieren sie sich auf die Basis ihrer Kehle
RRRRRRRRRRRRRÉÉÉÉÉÉÉÉÉÉÉÉÉÉÉÉÉÉÉÉÉÉÉÉÉÉÉ

Konzentrieren sie sich auf ihr Herz
RRRRRRRRRRRROOOOOOOOOOOOOOOO

Konzentrieren sie sich auf ihren Solarplexus
RRRRRRRRRRRUUUUUUUUUUUUUUUUUUUUUUUU

Konzentrieren sie sich auf ihr Hara
RRRRRRRRRRRAAAAAAAAAAAAAAAAAAAA

Konzentrieren sie sich auf ihr Basischakra
NNNNNNNNNNNNNNNNNNNNNNNNNNNNNNNNNNNN
NNNNNNNNNNNNNNNNNNNNNNN

Yéouan-Anwendung zur Entwicklung übersinnlicher Fähigkeiten

Um ihre übersinnlichen Fähigkeiten zu entwickeln, müssen sie mehr tun als ein gutes Mantra und gute Farben zu verwenden. Sie müssen auch ihren Geist öffnen, ihr Bewusstsein heben und sich von ihren Ängsten befreien. Das "R" vibriert mit der Spitze des

Bändchens in der Nähe ihrer Mundvorderseite. Das "S" ist wie das Zischen einer Klapperschlange. Es wird die Energie der Schlange im Inneren anrufen, um die "Wahrnehmung" zu verstärken. Während sie diese Übungen machen, müssen sie auch ihrer Umgebung bewusst sein, damit sie auf der physischen Ebene geerdet bleiben. Sie wollen sich nirgendwo sonst entwickeln.

Allgemeiner Lichtkörper

Stellen sie sich ein weißes Licht in Ei-Form um sie herum vor, etwa einen Meter von ihrem Körper entfernt. Das weiße Licht wirbelt, bewegt sich. Das Licht in der Mitte ihres Körpers steigt nach oben und strömt durch ihren Kopf wie eine Lichtfontäne aus. Es fällt um sie herum nach unten und wenn es unter ihre Füße sinkt, windet es sich unter ihren Körper zurück, um durch ihre Füße wieder nach oben zu steigen und den Zyklus fortzusetzen. Ihr Lichtkörper ist mit weißem Licht gefüllt. Rufen sie ihren Gott an, sie mit Mitgefühl zu erfüllen und stimmen sie das Mantra an:

IIIIIIIIIIIIIIIIIÉÉÉÉÉÉÉÉÉÉÉOOOOOOOOOUUUUUUUU
AAAAAAANNNNNNNNN

Telepathie

Ihr drittes Auge sendet und ihr Solarplexus empfängt. Hören sie auf, mit dem Finger auf andere zu zeigen. Hören sie auf, anderen die Schuld für das zu geben, was in ihrem Leben geschieht. Seien sie sich ihrer Verantwortung, ihr Leben zu verbessern, bewusst.

Konzentrieren sie sich auf ihr drittes Auge
RRRRRRRRRRRIIIIIIIIIIIIIIIIIIIIIISSSSSSSSSSSSSSSSSSSSSSSSSSS
9-mal

Konzentrieren sie sich auf ihren Solarplexus
RRRRRRRRRRRUUUUUUUSSSSSSSSSSSSSSSSSSSSSSSSSSSS
9-mal

Beginnen sie mit dem Mantra des dritten Auges. Nach 30 Minuten am Tag werden sie sich schnell entwickeln. Ihr Verstand wird vielleicht ein wenig verrücktspielen. Versuchen sie nicht, ihre Gedanken zu stoppen, denn das ist unmöglich. Schenken sie ihnen einfach keine Aufmerksamkeit und entspannen sie sich. Konzentrieren sie sich auf das entsprechende Chakra, wenn sie vokalisieren.

Hellseherei

Diese Fähigkeit zeigt ihrem fantasievollen Geist Bilder. Einige Bilder werden aus ihrem Unterbewusstsein kommen, andere werden ihre eigenen Träume sein. Visionen werden durch die gleiche zerebrale Schnittstelle geleitet wie Träume, Kreativität und Vorstellungskraft. Der einzige Unterschied besteht darin, dass sie diese Bilder nicht aussenden, sondern dass sie von ihnen selbst kommen. Deshalb ist es anfangs schwer, das eine vom anderen zu unterscheiden. Nehmen sie sich Zeit. Es wird kommen. Nach viel Übung werden diese Bilder bis zu ihrem zerebralen Augenprozessor vordringen, und sie werden mit ihren eigenen Augen sehen. Diese Tiefenwahrnehmung halte ich eher für einen Fluch als für ein Geschenk, denn sie bewegt sich einen Schritt vor der Schizophrenie. Achten sie darauf, ihre inneren Dämonen auszutreiben, bevor sie dorthin gelangen.

Konzentrieren sie sich auf ihr drittes Auge
RRRRRRRRRRIIIIIIIIIIIIIIIIIIIIISSSSSSSSSSSSSSSSSSSSSSSSSSS
Ein Vielfaches von 9-mal

Hellhören

Legen sie viele Ruhephasen ein. Gönnen sie sich Zeit, um ihr Gehör und ihr Nervensystem zu entspannen. Lauschen sie der Stille, und lassen sie ihr Ohr die Klänge von innen und von oben wahrnehmen. Dann führen sie eine Weile die Mantras aus und kehren dann in die Stille zurück.

Konzentrieren sie sich auf die Basis ihrer Kehle
RRRRRRRRRRRÉÉÉÉÉÉÉÉÉÉÉÉSSSSSSSSSSSSSSSSSSSSSSSSSSS
Ein Vielfaches von 9-mal

Intuition

Die Intuition wird wachsen, während sie lernen, Menschen bedingungslos zu lieben. Entwickeln sie Mitgefühl und vergeben sie denen, die sie verletzt haben. Das bedeutet nicht, dass sie Recht mit dem hatten, was sie getan haben. Es bedeutet einfach, dass sie aufhören wollen, sich mit dem zu verletzen, was sie getan haben. Erkennen sie, dass hier jeder an einer großen kollektiven Erfahrung teilnimmt. Die Intuition wird kommen.

Konzentrieren sie sich auf ihr Herz
RRRRRRRRRRROOOOOOOOOOOSSSSSSSSSSSSSSSSSSSSSSSSSSS
Ein Vielfaches von 9-mal

Erwecken vergangener Leben, Erinnerungen, kollektives Unbewusstes

Die Informationen aus ihren vergangenen Leben sind noch irgendwo in ihnen verborgen. Um dieses Wissen zu erwecken, müssen sie in ihr jetziges Leben zurückgehen. Beginnen sie mit einer Reihe des untenstehenden Mantras. Dann begeben sie sich in eine Rückrufsitzung.

Erinnern sie sich an etwas, das sie heute getan haben. An etwas, das sie letzte Woche getan haben. Erinnern sie sich an ein Ereignis, das sich letzten Monat, letztes Jahr, vor ein paar Jahren ereignet hat... bis hin zu ihrer Geburt. In jeder Phase, je wichtiger die Erinnerung war, desto intensiver wird das Erwachen ihrer vergangenen Leben sein. Mit etwas Übung können sie Erinnerungen wecken, die vor ihrer Geburt vergraben waren., vielleicht auf ihrem letzten Sterbebett. Dann fahren sie fort und lassen sich von ihrem höheren Bewusstsein leiten. Je wichtiger die Erinnerungen an ihr jetziges Leben sind, desto stärker wird die Wirkung sein. Versuchen sie nicht, eine schlechte Erinnerung aus ihrem jetzigen Leben zu überspringen. Seien sie verantwortungsbewusst und erkennen sie die Wahrheit über ihre Vergangenheit. Vergeben sie sich selbst. Dann wiederholen sie das Mantra noch einmal.

Konzentrieren sie sich auf ihr Hara
RRRRRRRRRRRRAAAAAAAAASSSSSSSSSSSSSSSSSSSSSSSSSSS
Ein Vielfaches von 9-mal

In der Welt

Das Anrufen der Gerechtigkeit

Mantra

EL
Hesed Tzadkiel
Hachmalim
Tzedek
Bah Kan, Bah poh

Die oben genannten Mantras rufen das Gottesbewusstsein, die Güte, den Erzengel der Gerechtigkeit, die Herrschaften des Universums, die Energie des Planeten Jupiter, in ihr Leben zu kommen, an den Ort, an dem sie sich befinden, in ihren Körper. Nach drei Rezitationen bitten sie Gott, das Gute und die Gerechtigkeit in ihr Leben zu bringen, den richtigen Weg einzuschlagen, ihr Karma auszugleichen, sie von der Last der Sünde zu befreien oder irgendetwas in der Art, die ihrer bevorzugten entspricht. Dann rezitieren sie die Mantras ohne das

"Bah Kan, Bah poh". Bringen sie einfach ihr menschliches Selbst in Einklang mit der göttlichen Gerechtigkeit.

Antrag

Manchmal kann es vorkommen, dass sie in Situationen geraten, die sie als ungerecht empfinden und in denen sie nicht ehrlich sind. Diese Technik ist besonders effizient, wenn jemand nicht ehrlich zu ihnen ist oder ihnen ihre Rechte vorenthält.

Bitten sie die göttliche Gerechtigkeit, ihnen beizustehen. Nach drei Anrufungen erklären sie Gott die Situation. Verwenden sie präzise und klare Formulierungen. Erzählen sie Gott die Einzelheiten, ohne sich zu überfordern. Verlieren sie nicht aus den Augen, dass sie sich in einer spirituellen Übung befinden. Fangen sie nicht an, vor Gott das "Opfer" zu spielen. Erklären Sie, beschreiben sie die Situation und ihre Gefühle, fassen sie sich kurz. Dehnen sie die Erklärung auf nicht mehr als 1 Minute aus.

Seien sie sehr vorsichtig mit ihrer Einstellung. Sie werden von der Gerechtigkeit Gottes getroffen werden, egal, was sie für richtig oder falsch halten. Fürchten sie Gott nicht aus einer Panik heraus, sondern nehmen sie eine respektvolle, demütige Haltung ein.

Erinnern sie sich, dass sie vor Gott klein sind, auch wenn er sie über alles liebt. Sobald die Situation erklärt ist, visualisieren sie sie vor sich und legen sie ihre beiden Hände vor sich, die Handflächen nach vorne gerichtet. Rezitieren sie das Mantra ohne das "Bah Kan, Bah poh" dreimal und fahre mit dem Befehl der Manifestation fort.

"EL, Hesed, Tzadkiel, Hachmalim, Tzedek (dreimal), manifestiere deine göttliche Gerechtigkeit in meinem Leben, in dieser Situation mit <Namen aller Beteiligten, beginnend mit deinem, falls zutreffend...>, bringe die Erfahrung nach deinem göttlichen Gesetz in Ordnung, bewege das Universum nach deinem Willen." Visualisieren sie stark, mit Willenskraft, die blauen Bewegungen des Universums, die ihre Erfahrung vor ihnen und die Szene mit ihrer Intensität durchdringen. Visualisieren sie nicht die Lösung des Problems, entscheiden sie nicht, was Gott aus dieser Erfahrung machen wird.

Visualisieren sie eine Minute lang und rufen sie dann noch einmal die göttliche Gerechtigkeit an, um ihren Geist und ihr Herz in einen Zustand der Dankbarkeit gegenüber Gott und seinem Werk zu versetzen: "EL, Hesed, Tzadkiel, Hachmalim, Tzedek, danke, mein Schicksal liegt in deinen Händen". Und meditieren sie eine Weile, vergessen sie ihre Situation, seien sie dankbar, dass Gott sich auf seine Weise um sie kümmern wird.

Danach drei ruhige "Todah", um Danke zu sagen. Tun sie in ihrem täglichen Leben alles, was sie können, um das Problem zu lösen, und Gott wird in jeder Situation mit Ihnen sein.

Diese einfache Übung ist ein Gebet und eine Einführung in die Meditation. Sie wird sie für Gerechtigkeit und Frieden in ihrem Leben zugänglicher machen. Es ist gut, diese Übung mit dem vollständigen Ritual der Gerechtigkeit im nächsten Kapitel zu erweitern.

Übersetzung

EL= mein Gottesbewusstsein
Hesed = herrliches Licht
Tzadkiel = Bringer des Rechts
Hachmalim = Die vielen Mechanismen des Universums
Tzedek = Jupiter-Planeten-Energien
Bah Kan, Bah poh= Komm her, komm an diesen Ort
Todah = Danke

Ritual der Gerechtigkeit

Wenn sie bereits einen Kreis auf dem Boden gezeichnet haben, ist das gut. Wenn sie kein "Okkultum" bereit haben, ist das auch nicht schlimm. Sie können Kerzen anzünden und Räucherwerk verbrennen, wenn sie möchten, aber das ist in der täglichen Praxis nicht notwendig.

Stellen sie 4 blaue und 4 violette Kerzen, im Kreis um sich herum. Düfte oder Weihrauch von Lavendel und Ylan-Ylang.

Ritual – Teil eins

Visualisieren sie alles um sich herum in blau und sprechen sie die folgenden Mantras:

EL
Hesed Tzadkiel
Hachmalim
Tzedek

Stehen sie auf. Singen sie die obige Mantra-Reihe achtmal, und beim achten Mal fahren sie mit der Anrufung fort:

(EL, Hesed, Tzadkiel, Hachmalim, Tzedek,) ... bring deine göttliche Gerechtigkeit in mein Leben.

Wiederholen sie die acht Mantra-Reihen und die Beschwörung der Gerechtigkeit insgesamt achtmal. Durch diese Anrufung rufen sie insgesamt 64-mal diese Reihe von Namen Gottes in seinen Aspekten der Güte und des Friedens.

Fahren sie mit diesem Gebet fort: "Wie oben, so unten, wie unten, so oben. Ich habe eine Mutter und einen Vater in den Himmeln. El, Hesed, Tzadkiel, reinigt meine Seele, füllt meine Seele mit Licht, macht mich frei, gebt mir das Verständnis der göttlichen Gerechtigkeit und die Kraft, meinen Weg zu korrigieren."

Ritual - Teil zwei

Sehen sie, wie alles um sie herum zu rotem Licht wird. Atmen sie ein paar Mal tief durch und fahren sie mit den folgenden Mantras fort:

Elohim Gibor
Geburah
Kamael
Seraphim
Maadim

Machen sie diese Mantra-Reihe fünfmal und schließen sie mit "... bringe deine göttliche Gerechtigkeit in mein Leben, berichtige jedes Unrecht, und ... " Nennen sie hier ihre Bitte. Wiederholen sie die 5 Mantra-Serien und die Beschwörung 5-mal, insgesamt 25 Mantra-Serien.

Ritual - Teil drei

Setzen sie sich hin. Versetzen sie sich in einen meditativen Zustand. Rezitieren sie langsam die 5 Mantras des ersten Teils, während sie alles in Blau sehen. Rezitieren sie die 5 Mantras des zweiten Teils langsam, während sie alles in Rot sehen. Führen sie die ersten Mantras mit blauem Licht, dann die zweiten Mantras mit rotem Licht aus und machen sie ein paar Minuten weiter. Dies wird die Kraft der göttlichen Gerechtigkeit in ihrem Leben aktivieren. Wenn sie den dritten Teil des Rituals durchführen, vergessen sie ihr konkretes Anliegen und lassen sie Gott in ihrem Leben wirken.

Übersetzung

EL = mein Gottesbewusstsein
Hesed = herrliches Licht
Tzadkiel = Bringer des Rechts
Hachmalim = Die vielen Mechanismen des Universums
Tzedek = Jupiter-Planeten-Energien

Elohim Gibor= Götter der Stärke

Geburah = Stärke

Kamael = Ich bin mir bei der Übersetzung nicht sicher, aber er ist der Erzengel der Aktion und des Krieges.

Seraphim= Die Kräfte des Universums

Maadim = Planetenenergien des Mars

Mystische Quantenphysik

Die String-Theorie

Mit der Weiterentwicklung der Quantenphysik entdeckten die Forscher eine universelle Wahrheit hinter allen Teilchen, die so genannte Stringtheorie. Diese Theorie erklärt wissenschaftlich, was sich hinter jeder Art von Teilchen verbirgt. Früher dachten wir, das Atom sei das kleinste Teilchen, das es gibt. Dann erkannten wir, dass das Atom aus noch kleineren Teilchen besteht, den Protonen, Neutronen und Elektronen. Dann stellten wir fest, dass Protonen und Neutronen aus kleinen Teilchen, den Quarks, bestehen.

Je nach Ausrichtung der Quarks würde daraus ein Proton oder ein Neutron entstehen. Eine Zeit lang dachten wir, dass Quarks die kleinsten existierenden Teilchen sind, aber dann wurden andere Teilchenarten entdeckt, die nicht einmal Masse haben, so klein und formlos sind sie. Man entdeckte bis zu 12 Teilchen und ihre Antiteilchen-Äquivalente, die so genannte Antimaterie.

Die String-Theoretiker fanden heraus, dass jede dieser Teilchen-arten aus einem noch feineren und kleineren Ding besteht: einer einzelnen Energiesaite, die wie die Saiten einer Geige schwingt.

Eine Saite kann auf viele Arten schwingen, und jede Art erzeugt eine Art von Teilchen, die dann Materie, Atome, Moleküle usw. bilden.

Der Grund für unser Interesse an der Stringtheorie der Quantenphysik liegt in ihrer spirituellen Kompatibilität. Die Stringtheorie beweist, dass die Materie in jeder Hinsicht aus einer Schwingung von umgeschaffener Energie besteht. Diese Energie ist der Ursprung von allem im bekannten Universum, und sie ist nicht physisch. Physikalische Materie ist nur eine Energieschwingung, die ihre Position im Raum beibehält, weil sie sich an ihr Schwingungsmuster "erinnert" (dies ist natürlich eine Metapher). Physikalische Materie ist nicht fest, wie wir einst dachten. Die Buddhisten wussten, dass Materie nicht wirklich existiert, dass sie aus Energie besteht, die dem Geist entspringt. Die Kabbalisten erklären das Universum als eine Schwingung des Namens Gottes.

Eine weitere interessante Tatsache ist die Quantenmechanik. Die Stringtheorie erklärt, dass das Universum nicht nur aus drei Dimensionen besteht, sondern aus zehn. Drei, die physisch sind, unsere physische Welt, eine Zeitdimension und 6 weitere Dimensionen, die in jedem Teilchen verbogen sind. Es gibt eine kabbalistische Regel, dass das Universum aus 10 Sphären der Existenz besteht, dass die Dimensionen zehn sind, nicht mehr und nicht weniger. Seit Tausenden von Jahren, seit Abraham und Moses, basiert die Quantenphysik der Mystiker auf dem, was die heutigen Wissenschaftler als Stringtheorie kennen.

Sie können den "Baum des Lebens Gesang" praktizieren, um ihrem Bewusstsein zu helfen, das okkulte Wissen hinter der String-Theorie zu erkennen und zu verstehen.

Die formbare Welt

Das Licht ist überall, das Licht ist alles. Die Kontemplation dieses Gedankens wird ihnen helfen, sich die Kräfte hinter den Atomen vorzustellen, die Kraft, die das Universum selbst bewegt, wie Titanen, die das kosmische Rad antreiben. Stellen sie sich Ströme physischer und ätherischer Energie vor, Licht in Bewegung wie Ströme in der Weite der Welt, das die Winde bewegt, den Felsen dazu bringt, an Ort und Stelle zu bleiben, das Wasser in Seen bewegt. Übertragen sie diese Vision auf die planetarische Ebene, mit Kräften, die das Magma im Inneren der Erde antreiben, und der Rotation der Planeten um die Sonne und den magnetischen Kräften, die von der Sonne kommen, um die Erde zu erhitzen.

Nehmen sie sich ein wenig Zeit, um über diese Vision nachzudenken. Atmen sie ruhig und entspannen sie sich. Sehen sie diese Kräfte in Form von sehr subtilen Winden, wie verschleierte Energieströme. Diese Kräfte sind lebendig und intelligent. Während sie atmen, stellen sie sich vor, dass ihr langsamer Atem die Bewegung des kosmischen Lebens ist. Sie umschließen das Universum mit ihrem Atem, mit der majestätischen Bewegung des kosmischen Lebens. Nehmen sie sich etwas Zeit, um sich auf dieses Gefühl einzustimmen, vergessen sie sich selbst im universellen Atem.

Nach einer Weile dringen sie in die subatomare Ebene der Materie ein und sie sehen, wie formbar sie ist, wie sie aus Energie besteht, flexibel, transformierbar. Materie ist nicht hart und steif, wie sie es auf menschlicher Ebene wahrnehmen, sondern sie ist veränderlich, Energie mit Bindungen, die sich biegen, neu anpassen, erneuern, neu verbinden, neu dimensionieren, ... Die Masse der Materie existiert nicht, alles ist an der wesentlichen Basis aus Energie gemacht und die Schöpfung verändert sich. Die Energie, aus der die physische Materie besteht, glaubt nicht an ihre konstante Form, nur wir Menschen glauben das. Die Materie weiß, dass sie Energie ist, und dass sie flexibel und formbar ist.

Stellen sie sich vor, dass alle Dinge flüssig sind, dass alle physische Materie transformierbar und veränderbar ist und dass sie der Kraft des Lebens gehorcht, das sie formt. Atmen sie mit der universellen Bewegung der Schöpfung, der formbaren Energie an der Basis von allem. Während sie atmen, wird alles weiß, da sie nur den essenziellen Energiefluss des geschaffenen Universums wahrnehmen, flexibel, immer in Bewegung, weiße reine Essenz. Baden sie in diesem weißen Licht, das Licht ist überall, das Licht ist alles.

Die Macht der Manifestation

Der Himmel auf Erden, verschleiert durch den menschlichen Verstand

"Was oben ist, ist wie das, was unten ist, und was unten ist, ist wie das, was oben ist, um die Wunder ein und derselben Sache zu vollbringen." - Hermes Trismegistos

Alles ist dasselbe, alles ist eins. Die physische Ebene der Existenz ist wie die spirituellen Ebenen der Existenz in allegorischer Weise. Der Himmel ist die Erde, nicht irgendwo anders, sondern hier. Alles, was ihr vom Himmel sehen werdet, hängt von eurer Wahrnehmung des Lebens ab. Eure Manifestationskraft wird durch eure Fähigkeit bestimmt, in eurem Leben die möglichen Wunder des Himmels zu sehen, bevor sie sich tatsächlich vor euch manifestieren. In der Tat ist alles bereit, sich zu zeigen, aber es wartet auf den richtigen Moment, in dem sie es wahrnehmen können. Sie müssen sich selbst davon überzeugen, dass der Himmel auf Erden möglich ist, sonst werden sie die Kraft der Manifestation nicht entwickeln. Der Grund ist, dass der Himmel auf Erden möglich ist, aber sie werden ihn nicht erschaffen können, wenn sie nicht an seine Möglichkeit glauben.

Bringen sie ein Lächeln in ihr Leben. Lächeln sie jederzeit und zu jedem Zeitpunkt. Machen sie sich nicht zur Narren, wenn sie nicht bereit sind, die Konsequenzen zu tragen, aber sie können jeden höflich und respektvoll anlächeln, der sie ansieht. Lächeln wird automatisch Glück in ihrem Leben erzeugen. Das regt die Ausschüttung der richtigen Hormone im Gehirn an, um ihre Wahrnehmung des Lebens positiv zu verändern.

Der menschliche Geist nimmt sein unmittelbares Universum so wahr, wie er es sich ausgesucht hat oder wie er konditioniert wurde, es wahrzunehmen. Der Himmel ist nirgendwo anders als auf der Erde, aber das gilt auch für die Hölle. Alles spielt sich in dieser wunderbaren Welt der Manifestationen ab. Wenn sie ein Meister dieses Wahrnehmungsfilters werden und den Schleier über dem menschlichen Verstand entfernen, werden sie in der Lage sein, auf die Macht der Manifestation zuzugreifen und ihre eigene Realität auf jede von ihnen gewählte Weise zu definieren. Wir sprechen hier nicht von Illusionen oder davon, sich selbst von einem besseren Traum zu überzeugen. Wir sprechen über die tatsächliche Veränderung von Ereignissen, die ihre menschliche Erfahrung betreffen; wahre Manifestationskraft. Die größten Meister verändern sogar die Substanz der Materie, um sie in etwas Anderes zu verwandeln.

Lächeln sie, atmen sie tief, machen sie sich glücklich und bereit, den Himmel im Herzen zu sehen und sie werden ihn sehen. Dies ist der erste Schlüssel, um die Türen des Geistes auf der Erde zu öffnen. Stellen sie sich vor, dass sie ein Lächeln und Strahlen goldener

Freude ausstrahlen, die aus ihrem ganzen Körper leuchten und vibrieren. Halten sie ihren Kopf gerade, ohne Arroganz, und seien sie glücklich. Übertreiben sie es nicht, als ob sie eine Rolle in einem Theaterstück spielen würden, sondern tun sie es wirklich. Machen sie sich mit ihrer Willenskraft glücklich und visualisieren sie das Glück, das sie durchströmt.

Erkennen sie, dass es die Hölle auf Erden gibt, damit sie nicht getäuscht werden, wenn sie den Himmel suchen und einer Manifestation der Hölle gegenüberstehen. Schauen sie sich die Hölle an und machen sie sich bewusst, dass es auch den Himmel gibt und dass sie in ihrem unmittelbaren Universum glücklich sind.

Lassen sie sich nicht von Hässlichkeit und Hass ablenken. Seien sie verantwortlich für ihre Handlungen, lösen sie ihre Probleme so gut sie können und konzentrieren sie sich weiterhin auf den Himmel auf Erden. Diese Methode wird ihrem Geist den Zugang öffnen, um sich in ihrem physischen täglichen Leben zu manifestieren.

Himmel und Erde in Einklang bringen

Die Wurzel des Universums ist oben, nicht unten. Die höchste Energieschwingungsrate ist die Basis der Schöpfung, der Ursprung. Aus der absoluten Wahrheit kam das Licht herab, erleuchtete die Leere und erfüllte sie mit seinem Licht. Das Universum wird von oben mit der höchsten Schwingung erfüllt, die sich dann verfestigt, ihre Schwingungsrate verlangsamt und die Lichtpartikel zu Form und Gestalt zusammenfügt. Diese Manifestation findet im gesamten Universum statt. Überall gibt es eine voll schwingende Lichtquelle, und alle Ebenen der Existenz und der physischen Materie. Es gibt keinen Punkt im physischen Universum, an dem der Ursprung stattgefunden hat, und das wäre der einzige Ort, an dem die höchste Schwingung zu finden wäre. Die absolute Wahrheit ist überall, die höchste Quelle ist überall, und wenn der Ursprung des Universums von einem einzigen Punkt ausging, dann ist das Universum dieser einzige Punkt.

Der Fehler, der mit einer Kategorisierung der Ebenen und Dimensionen einhergeht, besteht darin, zu glauben, dass sie alle durch eine Art Schleier voneinander getrennt sind oder sich an verschiedenen Orten befinden. Jede Schwingungsebene befindet sich an genau demselben Ort wie die anderen Schwingungsebenen.

Jede Ebene existiert überall. Ein weiterer Fehler ist es zu glauben, dass es bestimmte Trennungen von Ebene zu Ebene gibt. Als gäbe es eine Mauer, eine Barriere zwischen den Ebenen. Jede Ebene befindet sich am gleichen Ort, in der gleichen Dimension. Wir können sogar sagen, dass es nur eine Ebene gibt, die auf jedem Frequenzniveau schwingt.

Wir haben beschlossen, dass die Energie von dieser Frequenz bis zu jener Frequenz in eine einzige isolierte Ebene klassifiziert wird. Die Ebenen sind nicht eindeutig und starr. Wir haben sie klassifiziert, damit wir sie verstehen können, aber in Wirklichkeit gibt es keine Ebenen. An jedem Punkt des Universums gibt es jede Ebene der Frequenz. Ein Engel, ein Elementargeist und ein Mensch befinden sich genau in der gleichen Dimension, am gleichen Ort. Wenn ein spirituelles Wesen einen dichteren Körper hätte, könnten es unsere menschlichen Sinne wahrnehmen. Wären wir uns einer höheren Schwingungsrate bewusst, würden wir einen Engel sehen und mit ihm interagieren, denn er befindet sich nicht in einer anderen Dimension, er ist am selben Ort, nur auf einer höheren Frequenz.

Hören sie auf, die Ebenen der Existenz zu trennen. Hören sie auf, die verschiedenen Dimensionen so genau zu definieren. Es gibt verschiedene Wesen, die in Körpern unterschiedlicher Frequenz der Materie leben, am selben Ort, zur selben Zeit und in derselben Dimension. Es gibt nur einen Unterschied in der Frequenz. Wenn ein spirituelles Wesen eine dichtere/langsamere Frequenzstufe einnehmen würde, könnte es mit physischer Materie interagieren, und wir könnten vielleicht seine Form sehen.

Wenn wir einen Geist beschwören, sammeln wir dichtere Materie, die der Geist als Körper annehmen kann, damit er mit uns interagieren kann. Wenn wir in der Lage sind, eine Menge Energie auf vielen Frequenzebenen, von der höchsten bis zur niedrigsten, zu sammeln, können wir einem Geist einen ätherischen und physischen Körper geben und ihn sich physisch manifestieren lassen. Normalerweise sind wir in der Lage astrale und ein wenig ätherische Energie zu sammeln, so dass der Kontakt weniger wichtig ist.

Wie bei der Luft über der Wasseroberfläche wird der Druckunterschied zwischen den beiden Dichten der Materie eine Art subtile Wand erzeugen. Wir nennen dies die Eigenschaft der Oberflächenretention. Zwischen zwei Materiemassen unterschiedlicher Dichte kommt es zu einer teilweisen Verhärtung der Kontakt-fläche zwischen den beiden Massen. Dieses Phänomen ist bei den Frequenzebenen in den Ebenen der Existenz dasselbe. Diese Wand ist nicht undurchlässig, hart und fest. sie ist flexibel, und sie besteht aus keinerlei Materie. sie ist eine durch den Unterschied erzeugte Illusion. Wie auf der Wasseroberfläche, könnten wir ein Spiegelbild dessen sehen können, was oben ist, und wären nicht in der Lage hindurchzusehen, um unter die Wasseroberfläche zu schauen.

Dieses Phänomen gilt auch für die Ebenen der Existenz. Es ist eine optische Illusion, die die Schätze der nächsten Ebene verbirgt, aber wir müssen uns vor Augen halten, dass dieser Schleier nicht existiert; er besteht aus nichts.

Die Methode

Um Himmel und Erde zu synchronisieren, müssen sie sich zunächst daran erinnern, dass jede Schwingungsebene an jedem beliebigen Punkt des Universums existiert. Konzentrieren sie sich auf diesen Gedanken und führen sie eine einfache Technik zum Sammeln von Energie durch, wobei sie sich der Kontinuität der Frequenzen bewusst sind. Atmen sie ein und aus, wobei die Energie in ihrem Körper fließt. Stellen sie sich vor, dass ihr physischer Körper ausschwingender Energie besteht und dass sie gleichzeitig auf jeder Schwingungsebene existieren. Ihr Körper ist gleichzeitig Materie, Äther, emotionale, mentale, spirituelle, ... göttliche Schwingung, in einem wunderschönen Gefälle von Schwingungen. Es handelt sich nicht um einen Haufen fester Schwingungsebenen, sondern um ein ganzes Spektrum von Frequenzen, ohne bestimmte Trennungen.

Aufbau des Labors

Das Labor ist der mystische Ort, an dem sie die Manifestationen durchführen werden. Es ist kein Ort in der 3. Dimension, sondern ein Ort in den anderen kontinuierlichen Schwingungsebenen, die wir Ebenen nennen. Auf jeder Ebene sammeln sie Energiemassen aus roher Materie um sich herum und in ihrem Inneren, so dass sie eine Materialisierung der Energie der spirituellen Ebenen auf die physische Ebene projizieren können. Wenn auf irgendeiner Ebene die Energie nicht ausreicht, wird die Manifestation nicht stattfinden, oder es könnte viel mehr Zeit in Anspruch nehmen, um die Manifestation durchzuführen.

Auf den höchsten Ebenen des Labors ist sie immer um sie herum, ohne sich um die Position im physischen Raum zu kümmern. Auf den dichteren Ebenen kann die Position im Raum wichtig sein, wenn sie immense Energiemassen für mehrere Manifestationen oder für eine schnelle Manifestation sammeln wollen Es wird empfohlen keinen einzelnen Ort festzulegen, an dem man manifestieren kann, sondern einfach die dichteren Ebenen der Materie um sich herum zu sammeln, wenn man manifestieren will. Nichtsdestotrotz könnte dies ein Ort sein, an dem sie ihren eigenen persönlichen Altar haben. Je dichter die Energien sind, desto mehr werden sie von ihrer physischen Position beeinflusst. Die subtilen Energien werden mehr von ihrer Quelle und ihrem Ursprung, ihrem Konzept, ihrem Ziel beeinflusst.

Die Methode

Beginnen sie mit mindestens 5 Minuten der Synchronisation von Himmel und Erde. Es gibt überall ein verfügbares Energieteilchen jeder Frequenz. Fühlen sie es, zuerst in ihrem Körper, aber schließlich werden sie es auf jeder Schwingungsebene spüren.

Sobald ihr Geist und Körper synchronisiert und mit der Energiewirklichkeit verbunden sind, werden sie das Rohmaterial der Schöpfung um sich herum sammeln. Jedes Einatmen sammelt Energie von jeder Ebene um sie herum und in ihnen.

Jeder Atemzug verstärkt die Massen aus weißem Licht um sie herum. Erzwingen sie die Phänomene nicht. Sehen sie, wollen sie, glauben sie, wissen sie, visualisieren sie es. Entspannen sie ihren Körper, atmen sie langsam ein und atmen sie langsam aus. Der Vorgang geschieht nicht durch Erzwingen der Veränderung des Energieniveaus, sondern durch eine Zusammenarbeit der Willen. Sehen sie bei jedem Einatmen, wie mehr und mehr Energie von der höchsten Frequenzebene des Universums kommt und bereitwillig mehr Energie in das Universum strömt, vor allem, wenn sie sie bewusst sammeln.

Der Energiefluss erfolgt nicht von einem Ort zu einem anderen, niedrigeren Ort, wie ein physischer Fluss, sondern von einer Energieebene zu einer anderen, niedrigeren Energieebene, überall um sie herum. Es ist immer weißes Licht, immer reine, unberührte Energie, bereit, ein Manifestationsmodell auf jeder Ebene seiner Existenz zu empfangen. Es ist mehr als Energie, es ist Leben. Es sind alle kabbalistischen Sephiroth, alle Ebenen auf einmal, aber immer reines Licht, direkt aus der Quelle.

Einige Mantras und göttliche Worte verstärken diesen Prozess erheblich, erfordern aber eine Einweihung, da es sich nicht um intellektuelles Wissen, sondern um eine gelebte Erfahrung handelt. Sie sind jedoch überhaupt nicht erforderlich, um ein effizientes Laboratorium zu errichten. Stärker als jedes Mantra werden die Tugenden des Glaubens und der Hoffnung das beste Laboratorium errichten.

Selbst wenn sie nie benutzt wird, um einen konkreten Manifestationsprozess zu erwirken, wird diese Energie immer für sie verfügbar sein und jeder ihrer Praktiken eine zusätzliche Note verleihen.

Eine Manifestation bewirken

Der fortgeschrittene Spiritualist wird verstehen, dass dieser Vorgang nicht online gedacht werden kann, aber seine größeren Umrisse können enthüllt werden. Die tatsächlichen Feinheiten des Vorgangs werden durch die Kontemplation der universellen Wahrheit entdeckt werden.

Die Macht, etwas zu manifestieren, liegt allein bei Gott. Der Mensch kann umformen, er kann Teile der Energie von einem Aspekt verwenden und sie in einen anderen verwandeln, er kann neu anordnen und neu zusammensetzen, aber nur Gott schafft neue, ungenutzte Materie oder Energie. Der Mensch kann über einen Gegenstand der Manifestation nachdenken und ihn in die rohe Materie der Schöpfung projizieren. Dieser Vorgang wird offensichtlich "Projektion" genannt. Er besteht darin, die 4 Ebenen der menschlichen Existenz auf eine einzige Vorstellung auszurichten, die das Objekt der Manifestation darstellt. Diese auf den Geist ausgerichtete Vorstellung wird von den höheren Bewusstseinsebenen auf die niederen Ebenen der manifestierten Existenz übergehen und die definierte Vorstellung manifestieren.

1- Der Verstand muss den Gegenstand der Manifestation klar definieren.
2- Die Emotionen müssen ruhig wünschen und das Konzept des Themas fühlen.
3- Der Wille muss ruhig, aber stark sein, mit Selbstvertrauen, Vertrauen und Glauben.
4- Es muss eine physische Darstellung des Gegenstandes der Manifestation geben, entweder in Form einer Bewegung oder in Form von Korrespondenz.

Der Geist wird auf die universelle Wahrheit ausgerichtet sein. Die universelle Kraft und Substanz der Welt, mit dem kosmischen Leben und seinem Atem, werden sich bewegen, um die Form zu füllen, die durch jede Ebene und jeden Aspekt der Konzeption definiert ist. Weißes Licht wird die Form der Empfängnis annehmen, und sie wird empfangen.

In diesem kleinen Artikel sind große Geheimnisse versteckt, die auch in der Smaragdtafel von Hermes Thoth verborgen sind. Verstehen sie jeden Aspekt der Kunst, experimentieren sie mit Integrität und halten sie ihr Herz zu Gott erhoben.

Sobald sie die Grundlagen dieses Vorgangs verstanden haben, werden sie die Macht haben zu manifestieren, aber denken sie daran, dass nur Gott erschafft. Zollen sie nach ihrer ersten erfolgreichen Manifestation nicht ihrem menschlichen Ego die Anerkennung für die Manifestation, sondern zollen sie sie Gott. Sie können sich selbst zu ihrer Ausdauer beglückwünschen, aber bis sie ein wahrer Meister der Kunst sind, sollten sie niemals darüber sprechen oder ihre Erfahrungen mit anderen teilen. Das würde automatisch eine karmische Strafe anziehen und jede weitere Manifestation verhindern, bis die Schuld der Arroganz beglichen wurde.

Meditieren sie über jeden Aspekt der Kunst und lauschen sie im Innern auf die Offenbarung ihres göttlichen Geistes, auf die Information, die nicht von Mensch zu Mensch weitergegeben werden kann, auf das Wissen, das jenseits des möglichen menschlichen Denkens liegt. Definieren sie dann ihre Vorstellung und wiederholen sie den Vorgang mit einer ruhigen, friedlichen und kraftvollen Haltung. Wenn sie irgendeine Frage zu dieser Übung stellen, haben sie noch nicht die Kraft dazu entdeckt. Studieren sie, hören sie zu und erweitern sie ihr Bewusstsein.

Rituale

Wenn wir "Gott" sagen, möchten wir uns auf ihren Glauben an eine absolute Energie oder Intelligenz hinter allem beziehen. Sie sollten diesen Begriff durch einen Namen oder ein Konzept ihrer Wahl ersetzen. Ziel ist es, sich für eine höhere Ursache zu öffnen, damit das Ritual effizient wird. Diese Rituale können allein oder in einer Gruppe durchgeführt werden. Lernen sie jeden Aspekt eines Rituals, bevor sie es praktizieren. Je mehr Korrespondenz sie bei der Anwendung einer Methode einbeziehen, desto effizienter wird sie sein.

Gebet der sieben Siegel

Ich vertraue,
Ich habe Vertrauen in Gott,
mein Weg ist gesegnet.

Ich bin glücklich,
Ich habe Mitgefühl und
ich wünsche mir Frieden.

Ich bin tolerant,
ich strebe nach Gerechtigkeit. Ich
bin stark,
im Glauben,
Ich liebe das andere.
Ich bin umsichtig,
Ich behalte die Hoffnung,
Ich wohne in meinem Gott.

Überall, wo ich hinsehe,
verbreitet mein Gesicht die große Freude,
Und, Schritt für Schritt, kehre ich wieder nach Hause zurück.

Amen.

Grundlegende Kaballah Ausbildung

Das kabbalistische Kreuz

Dieses Ritual wird eine Ausdehnung in euren Lichtkörpern bewirken. Es wird den Fluss der spirituellen Energien verstärken und das Symbol eines Kreuzes in eurer Aura installieren, das für immer Segen und Evolution anruft. Es benötigt nur ein paar Minuten und bringt gute Ergebnisse. Führen sie es auch vor "Kleinen Bann Pentagramm Ritual" durch.

In den Praktiken der Kaballah wird ein Wort, das man ausspricht, auch zum Schwingen gebracht. Sie müssen sich vorstellen, dass das Wort seine Schallwellen stark auf die Energie- und Astralebene ausstrahlt und eine Lichtform annimmt. Lege sie ihren Willen hinein. Entscheiden sie sich stark dafür und konzentrieren sie sich mental auf das vibrierende Wort. Bleiben sie entspannt.

Technik

Stellen sie sich nach Osten auf. Stellen sie sich vor, dass sie größer und größer werden, über ihren physischen Körper hinauswachsen, sehr groß werden. Stellen sie sich vor, sie stehen auf der Erde. Sie sind sehr groß, sie werden ein Titan, sie sind im Weltraum, zwischen den Sternen. Visualisieren sie eine Kugel aus weißem Licht über ihrem Kopf. Legen sie ihre linke Hand mit der geöffneten Handfläche nach unten und mit dem rechten Daumen über ihre beiden letztgenannten Finger, wobei der Zeige- und der Hauptfinger gestreckt bleiben. Nehmen sie sich eine Minute Zeit, um sich auszudehnen und dabei tief zu atmen.

Heben sie ihre rechte Hand zur Stirn und berühren sie ihre Stirn mit ihren beiden ausgestreckten Fingern. Sagen sie "Athoh" und sehen Sie, wie ein Lichtstrahl von der Kugel über ihrem Kopf nach oben in den unendlichen Raum schießt. Atmen sie tief ein und vibrieren sie mit ihrem Geist und Willen.

Bringen sie ihre rechte Hand nach unten, berühren sie ihren Unterleib, während sie sich den Lichtstrahl vorstellen, der von der Kugel über ihrem Kopf durch ihren Körper nach unten fährt, zur Erde und immer weiter nach unten. Während sie ihren Unterleib berühren, sagen und vibrieren sie "Malkut". Atmen sie tief ein und vibrieren sie mit ihrem Geist und Willen.

Führen sie ihre Hand zu ihrer rechten Schulter. Während sie sie berühren, sagen sie "Ve Geburah" und stellen sie sich vor, wie von ihrer rechte Schulter ein horizontaler Lichtstrahl nach rechts schießt. Atmen sie tief ein und schwingen sie mit ihrem Geist und Willen.

Mit der Hand auf der linken Schulter, sagen sie "Ve Gedulah" und der Lichtstrahl von ihrer rechten Schulter strömt auch nach links, verstärkt durch das Licht von ihrer linken Schulter. Atmen sie tief ein und schwingen sie mit ihrem Geist und Willen. So entsteht ein Kreuz, vom Unendlichen oben zum Unendlichen unten, vom Unendlichen auf der rechten Seite zum Unendlichen auf der linken Seite, sie sind ein Kreuz aus weißem Licht.

Heben sie beide Arme waagerecht an, um mit dem ganzen Körper ein Kreuz zu formen, und stellen sie sich vor, dass die Lichtstrahlen ihre Arme durchqueren, und vibrieren sie "Le Olam". Atmen sie tief ein und schwingen sie mit ihrem Geist und Willen.

Führen sie ihre beiden Hände in der Mitte ihrer Brust zusammen, verschränken sie alle Finger und sagen sie "Amen". Atmen sie tief ein und schwingen sie mit ihrem Verstand und ihrem Willen mit. Die hebräischen Worte selbst sind mächtig. Wenn sie sie verstehen, wird ihr Geist zum Ritual beitragen und es effizienter machen.

Übersetzung

Athoh Malkut Ve Geburah Ve Gedulah Le Olam Amen
Athoh: Für dich
Malkut: das Königreich
Ve Geburah: und die Macht
Ve Gedulah: und die Herrlichkeit

Le Olam: in Ewigkeit
Amen: so sei es

Dir gehört das Reich, die Macht und die Herrlichkeit, in Ewigkeit, so sei es.

Kleines Pentagramm-Bannritual

Dieses Ritual klärt dichte Energien und reinigt die unmittelbare Umgebung für jede ihrer Übungen. Es ist ein kabbalistisches Ritual, daher wird seine Effizienz mit ihrem Wissen über die Kabbala wachsen. In der Vergangenheit wurde es verwendet, um Dämonen aus einem magischen Kreis zu vertreiben. Es errichtet einen Kreis ruhiger reiner Energie um sie herum.

Während des Rituals werden sie gebeten, das kleine Pentagramm vor zu zeichnen. Dazu strecken sie den Zeige- und Mittelfinger ihrer rechten Hand aus und legen die beiden letztgenannten Finger gekrümmt unter ihren Daumen. Halten sie ihre linke Hand geöffnet, die Handfläche zeigt nach vorne. Auf diese Weise können sie einen fünfzackigen Stern vor sich zeichnen.

Legen sie die rechte Hand vor sich nach links unten, den Arm ausgestreckt, etwa auf Höhe der linken Hüfte (1), und etwas weiter links vom Körper. sie beginnen am unteren linken Punkt und gehen bis zu einem Punkt etwas über ihrem Kopf (2). Halten sie den Arm gestreckt. Gehen sie hinunter zum unteren rechten Punkt, etwa auf der Höhe ihrer rechten Hüfte und etwas weiter rechts vom Körper (3). Gehen sie zurück nach ganz links, auf Höhe ihrer Schultern (4), und nach ganz rechts, immer noch auf Höhe ihrer Schultern (5).

Schließen sie das Pentagramm, indem sie wieder nach unten zum unteren linken Punkt gehen (1).

Während sie das Pentagramm vor sich zeichnen, sehen sie es auf der ätherischen und astralen Ebene mit Strahlen aus weißem Licht gezeichnet. Dann legen sie ihre Hand mit 5 geöffneten Fingern in die Mitte des Pentagramms und schwingen mit ihrer Stimme, ihrem Geist und Willenskraft einen Namen Gottes.

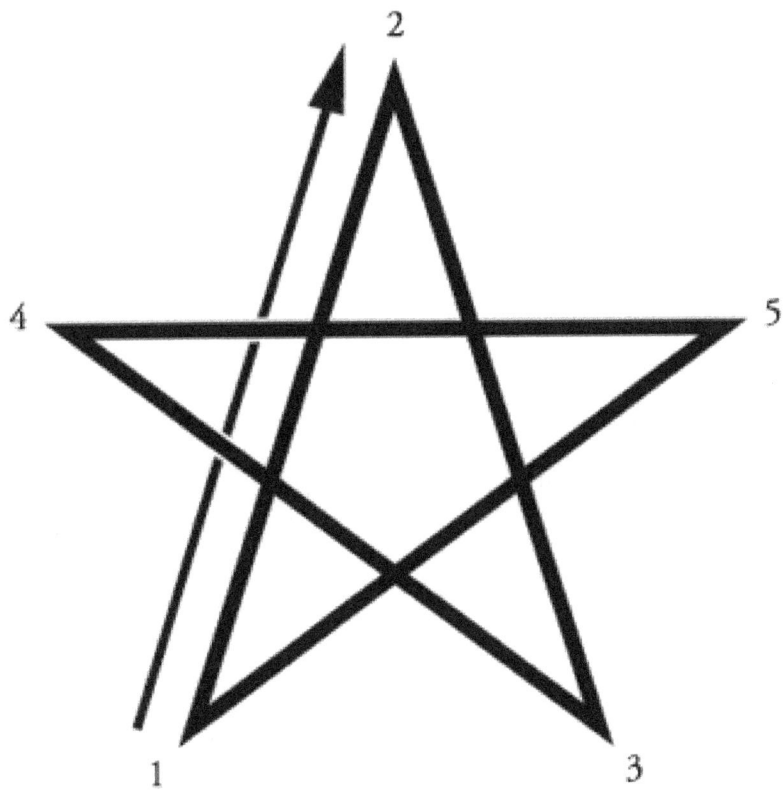

Das Ritual

Wenden sie sich nach Osten und formen sie einmal das kabbalistische Kreuz.

Zeichnen sie mit dem Zeigefinger und der mittleren Hand in aller Ruhe ein Pentagramm nach Osten und sehen sie es leuchten. Legen sie ihre geöffnete Hand in die Mitte des Pentagramms und schwingen sie den Namen "Yod He Vau He". Während sie diesen Gottesnamen schwingen, sehen sie eine große Welle gelber Energie, die den gesamten Raum vor Ihnen, den gesamten östlichen Bereich, ausfüllt.

Mit ihrer Hand immer noch in der Mitte des Pentagramms, richten sie Zeige- und Mittelfinger wieder nach vorne. Halten sie ihren Arm gerade nach vorne, auf der Höhe ihres Herzens gestreckt, machen sie eine Vierteldrehung nach rechts und drehen sie ihren ganzen Körper nach Süden. Während sie sich drehen, ziehen sie mit der Spitze ihrer Finger einen Energiebalken, der schließlich einen vollen Kreis um sie herum bildet, wenn sie die Drehung in jede Richtung beendet haben.

Bringen sie ihren Zeigefinger nach rechts unten und beschreiben sie wieder ein großes Pentagramm. Legen sie ihre offene Hand in die

Mitte und schwingen sie ADONAÏ. Vibrieren sie den Namen und spüren sie, wie ein Ausbruch von rotem Licht das Pentagramm und den südlichen Teil erfüllt.

Finger ausgestreckt, 90 Grad Drehung nach rechts, Richtung Westen. Nun wird ein halber Kreis um sie gezogen. Zeichnen sie ein Pentagramm und schwingen sie EHEIEH (E - HE - IEH). Blaue Energie füllt den Westen.

Wieder mit ausgestreckten Fingern, 90 Grad nach rechts, Richtung Norden, zeichnen sie ein weiteres Kreissegment. Zeichnen sie ein Pentagramm und bringen sie AGLA (A Ge Le A) zum Erklingen. Grüne Energie füllt den nördlichen Teil.

Die Finger zeigen wieder nach oben, ein letztes Mal 90 Grad nach rechts, um den Kreis um sie herum mit der Fingerspitze zu schließen. Sie sind wieder nach Osten ausgerichtet.

Strecken sie ihre Arme auf jeder Seite aus, um mit ihrem Körper ein Kreuz zu bilden. Sprechen sie das Gebet:

Vor mir Raphael, (gelbes und violettes Licht vor ihnen)
Hinter mir Gabriel, (blaues und oranges Licht hinter ihnen)
Zu meiner Rechten Michael (rotes und grünes Licht zu ihrer Rechten)

Zu meiner Linken Auriel (grünes und braunes Licht zu ihrer Linken)
Vor mir flammt das Pentagramm (ein RIESIGES Pentagramm vor ihnen)

Und hinter mir leuchtet der sechszackige Stern. (einen RIESIGEN sechszackigen Davidstern)

Formen sie erneut das kabbalistische Kreuz, und ruhen sie sich aus.

Mittelpfeiler Übung

Beginnen sie mit dem Kabbalistischen Kreuz und dem Kleinen Bannritual des Pentagramms.

Stehen sie auf oder setzen sie sich in eine bequeme Position, während sie ihre Wirbelsäule aufrecht halten. Nehmen sie sich ein paar Minuten Zeit, um sich zu entspannen. Atmen sie tief durch. Stellen sie sich eine leuchtende Lichtkugel über Kopf vor, die etwa 5 cm breit ist.

Atmen sie ein, füllen sie ihre Lungen vollständig und visualisieren sie weiterhin den Lichtball über ihrem Kopf. Beobachten sie beim Ausatmen, wie das Licht an Leuchtkraft zunimmt, während sie das Wort "Eheieh", den Namen Gottes in der Kether-Sphira, vibrieren lassen. Wiederholen sie diesen Vorgang noch neunmal. Entspannen sie sich einige Minuten lang und spüren sie die Energie, die in ihrem Körper und über ihrem Kopf pulsiert.

Visualisieren sie einen Strahl weißen Lichts, der von der Lichtkugel über ihrem Kopf durch ihren Kopf bis zu ihrer Kehle hinunterfließt. Atmen sie ein, füllen sie ihre Lungen vollständig und visualisieren sie eine zweite Lichtkugel in der Mitte ihres Halses. Beim Ausatmen wird die Lichtkugel heller, während sie "Yehovah

Elohim", den Namen Gottes in der Daath Sephira, vibrieren. Wiederholen sie diesen Vorgang noch neunmal. Entspannen sie sich und spüren Sie, wie die Energie in ihrem Körper pulsiert.

Visualisieren sie einen Lichtstrahl, der von der Lichtkugel in ihrer Kehle durch ihren Brustkorb hinunter in den Bereich ihres Herzens und ihres Solarplexus strömt. Atmen sie ein, füllen sie ihre Lungen vollständig und visualisieren sie eine dritte Lichtkugel in ihrem Herz- und Solarplexusbereich. Die Lichtkugel wird heller, wenn sie ausatmen, während sie "Eloha Ve-Daath" vibrieren, den Namen Gottes in der Tipheret Sephira. Wiederholen sie diesen Vorgang noch neunmal. Entspannen sie sich ein paar Minuten und scannen sie ihren Körper, nehmen sie Veränderungen wahr und spüren sie das Pulsieren der Energie.

Visualisieren sie einen Lichtstrahl, der von ihrer Brust zu ihrem Beckenbereich herabkommt. Atmen sie ein, füllen sie ihre Lungen vollständig und visualisieren sie einen vierten Lichtball um ihre Genitalien. Die Lichtkugel wird heller, während sie ausatmen und dabei "Shadaï EL Haï" vibrieren, den Namen Gottes in der Yesod Sephira. Wiederholen sie diesen Vorgang noch neunmal. Entspannen sie sich ein paar Minuten und spüren sie ihren Körper.

Visualisieren sie einen Lichtstrahl, der von ihrem Becken bis zu einem Punkt unter ihren Füßen hinunterkommt. Atme ein, füllen sie ihre Lungen vollständig und visualisieren sie eine fünfte Lichtkugel unter ihren Füßen. Die Lichtkugel wird heller, während sie ausatmen und dabei "Adonaï Melek" vibrieren, den Namen Gottes in der Malkut Sephira. Wiederholen sie diesen Vorgang noch neunmal. Achten sie auf ihren gesamten Körper und spüren sie das Pulsieren der Energie.

Richten sie ihre Aufmerksamkeit auf die Lichtkugel über ihrem Kopf. Beim Ausatmen bringen sie eine Lichtkugel an ihrer linken Seite hinunter zu der Lichtkugel unter ihren Füßen. Atmen sie ein und bringen sie sie zurück zu ihrer rechten Seite zu der Lichtkugel über ihrem Kopf und bilden sie so einen Kreis aus strahlendem Licht. Wiederholen sie diesen Vorgang noch neunmal.

Richten sie ihre Aufmerksamkeit auf die Lichtkugel über ihrem Kopf. Atmen sie aus und bringen sie eine Lichtkugel an der Vorderseite ihres Körpers hinunter zu der Lichtkugel unter ihren Füßen. Atmen sie ein und bringen sie sie an der Rückseite ihres Körpers wieder nach oben zur Lichtkugel über ihrem Kopf und bilden sie so einen Kreis aus strahlendem Licht. Wiederholen sie diesen Vorgang noch neunmal. Entspannen sie sich für einige Augenblicke und fühlen sie sich in einer Kugel aus weißem Licht, die ihre gesamte Aura umgibt.

Richten sie ihre Aufmerksamkeit auf die Lichtkugel unter ihren

Füßen. Atmen sie ein und bringen sie einen brillanten Lichtstrahl durch ihren Körper und ihre Wirbelsäule hinauf zu der Lichtkugel über ihrem Kopf. Beim Ausatmen visualisieren sie eine feuerwerksartige Lichtexplosion, die sanft auf sie herabregnet und in der Lichtkugel unter ihren Füßen gesammelt wird. Wiederholen sie diesen Vorgang noch neunmal. Scannen sie noch einmal ihren Körper und nehmen sie wahr, was dort geschieht, und spüren sie das Pulsieren der Energie solange sie wollen.

Machen sie das Kabbalistische Kreuz und das Kleine Verbannungsritual des Pentagramms. Meditiere und entspannen sie sich.

Der Gesang des Baums des Lebens

Der Lebensbaum des Kabbalisten kann sowohl gesprochen als auch gezeichnet werden. Jede Sphäre des Lebensbaums hat 5 Bewusstseinsebenen und einen Namen für jede Ebene. Die 5 Stufen für jede der 10 Sphären sind 50 Türen des Wissens. Mit mehr Wissen über die Kabbala werden sie den folgenden Chant verstehen und er wird den Fluss der spirituellen Energien in ihrem Körper, physisch und spirituell, verbessern.

Die ersten 10 Namen sind die Namen Gottes, die für jede Existenzebene eine andere Seite seines Gesichts zeigen. Die zweiten sind die Sephiroth, die Seele des Universums, oder die Existenzebenen selbst. Die dritte sind die Namen der Erzengel, Herrscher des Kosmos und der geistigen Welten. Die vierte sind die Arten der verfügbaren engelhaften Hilfen, und die fünfte sind die Namen der physischen/ätherischen Manifestation oder der intelligenten Planetengeister.

Es ist gut, den Gesang mit dem kabbalistischen Ritual des kleinen Pentagramms zu beginnen. Die linke Spalte sind die Namen Gottes, und so ist es auch der Gesang. In der rechten Spalte finden sie die Übersetzung, um ihr Verständnis zu erleichtern. Die Übersetzung mag für das tiefe Verständnis der Mysterien des Universums unzureichend sein. Sie sollen aber einem Anfänger dienen, die ersten Schritte der Kabbala zu begreifen. Singen sie die folgenden Namen mit einer sanften Harmonie ihrer Wahl.

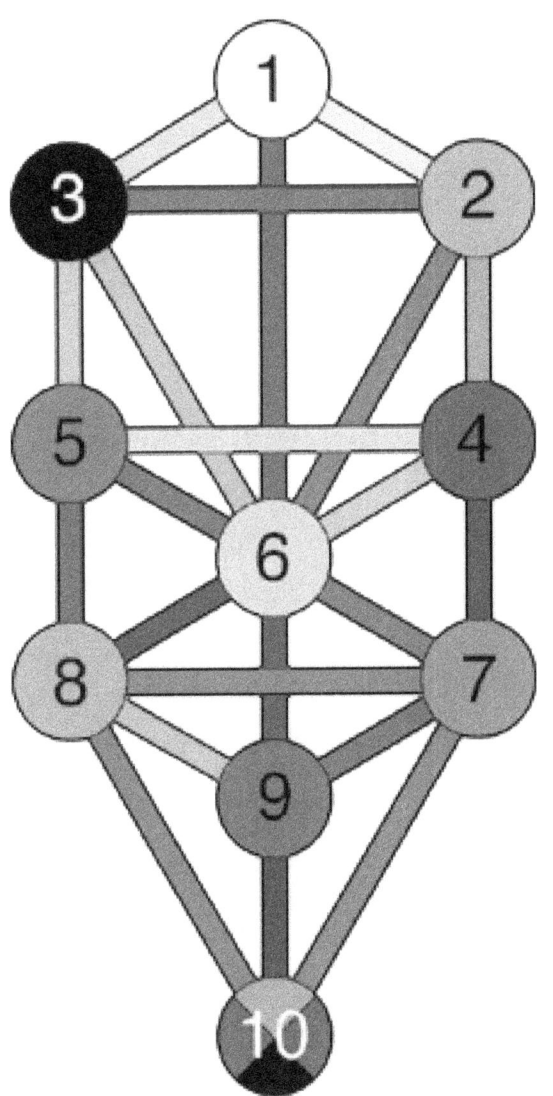

Singen:	Am nächsten liegende Bedeutung:
1- Eheieh	1- Vater
2- Iah	2- Christus
3- Yod He Vav He	3- Schöpfer/Heiliger Geist
4- El	4- Gottesbewusstsein
5- Elohim Gibor	5 Götter der Stärke
6- Eloha ve Da-ath	6- Gott des Wissens
7- Yehovoh Tzebaot	7- Herr der Armeen
8- Elohim Tzebaot	8- Götter der Armeen
9- Schadaï El-Haï	9- Allmächtiger Gott des Lebens
10-Adonaï Melek	10-Herr des Königreichs
1- Kether	1- Krone
2- Hokmah	2- Weisheit
3- Binah	3- Intelligenz
4- Hesed	4- Güte
5- Geburah	5- Kraft/Stärke
6- Tipheret	6- Schönheit
7- Netzah	7- Sieg
8- Hod	8- Ruhm
9- Jaod	9- Stiftung
10-Malkut	10-Königreich/physische Welt

1- Metatron	Name des Erzengels
2- Raziel	Name des Erzengels
3- Tzaphkiel	Name des Erzengels
4- Tzadkiel	Name des Erzengels
5- Kamael	Name des Erzengels
6- Michael	Name des Erzengels
7- Haniel	Name des Erzengels
8- Raphael	Name des Erzengels
9- Gabriel	Name des Erzengels
10-Sandalphon	Name des Erzengels
1- Hayot Ha-Kodesh	1- Heilige 4-Elementargeister
2- Ophanim	2- Originalexistenzen
3- Aralim	3- Throne
4- Hachmalim	4- Herrschaftsgebiete
5- Seraphim	5- Befugnisse
6- Malahim	6- Tugenden
7- Elohim	7- Leiter/Hauptverantwortliche
8- Beni-Elohim	8- Erzengel
9- Kerubim	9- Engel
10-Ischim	10-Perfekte Männer

1- Reschit Ha-Galgalim	1- Erste Wirbel
2- Mazaloth	2- Zodiaq
3- Chabtaï	3- Saturn
4- Tzedek	4- Jupiter
5- Maadim	5- Mars
6- Chemesch	6- Sonne
7- Noga	7- Venus
8- Kohav	8- Quecksilber
9- Lenava	9- Mond
10-Olam Yesodoth	10-Erde/irdische Manifestation

Nachdem sie die 50 Namen Gottes gechantet haben, entspannen sie sich, meditieren sie ein wenig und beginnen sie von vorne, wenn sie es wünschen. Wir empfehlen Ihnen, vor und nach jeder Chanting-Sitzung Wasser zu trinken.

Universelle Mechanik

Universelle Mechanik und Geister

Im Universum, sowohl physisch als auch spirituell, fließt die Energie nach Mustern, die den Naturgesetzen entsprechen. Von den kleinsten Ebenen der atomaren Aktivität bis hin zu den riesigen Strömen anziehender und abstoßender Anziehungskräfte der Galaxien gibt es ein intelligentes Naturgesetz. Diese Gesetze, die miteinander zusammenarbeiten, um die von uns wahrgenommene natürliche Erfahrung zu manifestieren, können mit der Liebe als Werkzeug bewusst genutzt werden.

Diese Energien und Gesetze werden als Engel, Dämonen, Geister, Titanen, Götter (wie kleine Götter), Konzepte, Schwerkraft, elektromagnetische Kräfte... bezeichnet, und zwar auf verschiedenen Ebenen der Dichte. Ein Engel sieht nicht aus wie ein Humanoid mit Flügeln, er ist eine Kraft des Universums ohne Gestalt oder Namen, aber wie jede Art von kosmischer Kraft löst er ein Konzept in unserem aus, so dass der Mensch sich die Kraft, mit der er in Verbindung steht, vorstellen kann. Das ist der Grund, warum all jene, die Engel wahrgenommen haben, sie größtenteils auf die gleiche Weise sehen, denn es ist die menschliche Fähigkeit, die anderen Arten von Energien als Bilder auf den imaginativen

Verstand zu übertragen, und macht die Kommunikation mit der kontaktierten Energie zugänglich.

Der menschliche Verstand kann jede Art von spiritueller Kraft durch seine "Diaphanie", den Spiegel der Imagination, wahrnehmen, wie eine durchsichtige Membran über der kosmischen Realität. Anstatt die Vorstellungskraft unter die Kontrolle des menschlichen Verstandes und des Egos zu stellen, kann sie frei werden, um die Wahrnehmung der kontaktierten universellen Kraft zu reflektieren. Auf diese Weise können wir Engel und Dämonen durch unser inneres Auge wahrnehmen.

Der erste Schritt besteht darin, unsere Vorstellungskraft zu nutzen, um die Kommunikation in Gang zu setzen. Indem wir unsere Vorstellungskraft aktiv steuern, um uns in einen freiwilligen Traum (Visualisierung) zu führen, lösen wir einen spezifischen Kontakt mit unserem Unterbewusstsein aus, um einen Kommunikations-kanal mit einem intelligenten Energiestrom des Universums (einem Geist oder Engel) zu wecken. Sobald wir die Kontaktebene erreicht haben, sobald wir erfolgreich einen Kommunikationskanal mit dem gewünschten Konzept des Universums geöffnet haben, müssen wir passiv und empfänglich werden, um den herbeigerufenen Geist unsere Vorstellungskraft beeinflussen zu lassen, damit die Antwort in Form von Gefühlen, Konzepten, Klängen oder Bildern an uns zurückgegeben werden kann.

Nehmen wir zum Beispiel eine einfache Visualisierung. In einem Zustand der Halbmeditation sehen sie sich in einer ruhigen Ebene, umgeben von einem Wald. Dieser Aspekt bedeutet, dass sie ihren Traum aktiv kontrollieren und sich durch nichts in ihrer Phantasie stören lassen. Fügen sie zu dieser Visualisierung einen großen Baum in der Mitte der Ebene hinzu, an dessen Wurzel jemand sitzt. Nennen sie diesen Baum den "Herzbaum" und die sitzende Person den "Herzensmenschen". Sie haben immer noch die aktive Kontrolle, provozieren die Ereignisse und gestalten den Traum mit ihrer und die Elemente selbst benennen, so dass die kontaktierte Informationsquelle die von Ihnen gewünschte ist. Gehen sie zu dem/der Herzensmenschen und sprechen sie ihn/sie an. Jetzt ist es sehr wichtig, passiv und aufnahmefähig zu werden und den/die Erhörte/n selbst antworten zu lassen, damit sie nicht die Kontrolle über die Antwort haben. Stellen sie ihm/ihr dann eine Frage mit ihrer aktiven Vorstellung und werden sie wieder passiv, hören sie zu und lassen sie die Antwort von selbst zu ihrem Verstand kommen. Es ist ein Tanz zwischen dem Aktiven und dem Passiven, dem Aussendenden und dem Empfangenden. Von Zeit zu Zeit wird sich ihr menschliches Ego melden, aber es ist leicht, einfach zur Kommunikation zurückzukehren.

Halten sie bei allen Visualisierungen, die sie durchführen, immer einen aktiven Fokus auf die von Ihnen gewählte Umgebung, so dass der Geist/die Energie/die Mechanik des Universums, mit dem/der sie in Kontakt treten, gut etabliert ist und die Verbindung, die sie herstellen, klar und stabil bleibt. Während sie die aktive Kontrolle über die Umgebung behalten, lassen sie den zentralen Fokus der Szene gehen, wie er will, und lassen sie den Geist/Energie/ Mechanik des Universums durch ihre Vorstellung die Antwort übermitteln, um die sie gebeten haben. Wenn sie die zentralen Elemente ihrer Erfahrung aktiv kontrollieren, stören sie die Basis der Botschaft, die Ihnen übermittelt wird. Halten sie die Verbindung am Leben, indem sie die Elemente beibehalten, die die Verbindung möglich gemacht haben, aber lassen sie alles andere gehen, wie es will, und lassen sie mehr Platz für die Informationen, die passieren. Üben sie sich im Zuhören und Beobachten.

In einem Ritual, mit der Visualisierung von Symbolen, dem Rufen der Namen von Geistern oder Engeln, der Verwendung von farbigen Kerzen und Kräuterdüften, sogar im Stehen und mit geöffneten Augen, stellen sie die Verbindungen auf dieselbe Weise her wie bei ihrer halb-meditativen Visualisierung. Auf die gleiche Weise müssen sie einen passiven und aufnahmefähigen Punkt in ihrem Geist beibehalten, damit sie in der Lage sind, die Informationen wahrzunehmen, die von dem gerufenen Geist zurückkommen werden. Mit der Zeit und mit etwas Übung werden die Energien in der Lage sein, alle ihre menschlichen Ebenen zu durchdringen und sich sogar um sie herum, in ihrer unmittelbaren Umgebung, zu manifestieren.

Der Arbatel der Magie

Das Arbatel der Magie erschien um 1575. Die lateinische Originalfassung ist in Heinrich Cornelius Agrippas "Viertes Buch der okkulten Philosophie" zu finden. Es wurde erstmals 1654 von R. Turner ins Englische übersetzt. Es wurde von vielen bekannten Okkultisten mit einem wahren Glauben an Gott verwendet. Es ist ein Buch der Gemeinschaft mit den Geistern, die "Olympisch" genannt werden und die die Gesamtheit der Erfahrungen der Schöpfung verwalten.

Dieses Handbuch der okkulten Praxis ist ein großer Schritt in die Kunst der Theurgia, die Kunst der göttlichen Magie, die dich mit den Mechanismen des Universums verbindet. Keine böse Forderung kann ohne schwerwiegende Folgen an die olympischen Geister gestellt werden. Jede gute Tat, um die ein olympischer

Spirit gebeten wird, kann schnelle und intensive Ergebnisse erzielen. Es ist eine sehr gute Idee, die olympischen Geister vor allem anderen um Führung und Hilfe bei magischen Praktiken zu bitten, Seien sie nicht gierig, helfen sie anderen, und bitten sie ohne Übertreibung um Taten für sich selbst.

Bei jeder Art von Anrufung müssen sie physische und psychologische Entsprechungen in einem einzigen Ereignis zusammenführen, um die Wirkung zu verstärken, die Türen weiter zu öffnen, ihren Geist für die Informationen zugänglich zu machen und ihre unmittelbare physische Umgebung für das Wirken des angerufenen Geistes verfügbar zu machen. Je mehr Entsprechungen sie in ihr Ritual einbeziehen, desto intensiver werden die Anrufung und die Wirkung sein. Je länger und ausführlicher die Anrufung ist, desto stärker ist die Wirkung.

Vor allem die Entwicklung der Tugenden ist das Schlüsselelement für die Kraft einer Anrufung. Suchen sie nach Gerechtigkeit und seien sie mitfühlend, um das Wirken des Geistes Bethor in ihrem Leben zu verstärken. Seien sie freundlich und großzügig, um das Wirken von Hagith und Och zu verstärken. Seien sie aktiv und umsichtig, um die Arbeit von Ophiel zu verstärken. Jede Anrufung wird durch den Fluss der Tugenden in ihrem Herzen, ihrem Geist und ihrem Körper bestimmt. Jeder Geist hat seine Vorlieben und

Abneigungen. Zum besseren Verständnis dieses Konzepts wurde im Anschluss an den Originaltext eine Korrespondenztabelle erstellt.

Der englische Originaltext aus dem Jahr 1654 enthält einige Unregelmäßigkeiten, die wir auf den Tippfehler alter Reproduktionstechniken zurückführen können. Mit großem Bezug auf den englischen Originaltext haben wir die Initiative ergriffen, einige Fehler zu korrigieren, um Ihnen den Lernprozess zu erleichtern. Dennoch sollte der engagierte Sucher eine Kopie des Originaltextes kaufen, wenn er wirklich die englische Originalübersetzung sehen will, oder Latein lernen und den Text von Agrippa erwerben.

Es folgt die deutsche Version des Arbatels der Magie.

ארזעתאל

der Magie der Alten,

Die größte Studie der Weisheit.

Bittet in allen Dingen den Herrn um Rat;
und du sollst nichts denken, reden
oder tun, wo Gott nicht dein
Ratgeber ist.

Sprüche 11.

Wer betrügerisch wandelt, der verrät Geheimnisse; wer
aber einen treuen Geist besitzt, der verbirgt die Sache.

ARBATEL der MAGICK:

oder,

Die spirituelle Weisheit der Alten,

sowohl der Magier
des Volkes GOTTES als auch der Magier
anderer Nationen: zur Veranschaulichung
der Herrlichkeit GOTTES und seiner
Liebe zur Menschheit.

Nun aber zuerst aus der Finsternis ins Licht, wider alle Kako-Magier und Verächter der Gaben Gottes, zum Nutzen und zur Freude aller, die die Geschöpfe Gottes wahrhaftig und fromm lieben und sie mit Danksagung gebrauchen, zur Ehre Gottes und zum Nutzen von sich selbst und ihren Nächsten.

ARBATEL DER MAGIE

Enthält neun Bände und sieben Septenaren von APHORISMEN.

Der erste heißt *Isagog,* oder Buch der Institutionen der Magie: oder welches in neunundvierzig Aphorismen die allgemeinsten Vorschriften der ganzen Kunst enthält. Der zweite ist mikrokosmische Magick, was der Mensch, oder der Mikrokosmus durch seinen Geist, oder Genius, der ihm in der Geburt zugeordnet, auf magische Weise tun oder vollbringen könne.

Der dritte Teil lehrt die olympische Magie, was der Mensch durch die Geister des Himmels oder Firmaments wirken könne,

und wie er durch die Geister des Olymps handeln und leiden

kann.

Der vierte spricht von der hesiodischen und homerischen Magie. Diese lehrt die Wirkung durch die Geister, die Cacodæmones, als wären sie keine Feinde der Menschheit.

Der fünfte handelt von der Römischen oder Sibyllischen Magie, die durch die Schutzgeister, unter die der Erdkreis verteilt ist, wirkt. Dieß ist eine vortreffliche Magie. Auf sie bezieht sich auch die Lehre der *Druiden*.

Der sechste ist die pythagoräische Magie, welche nur mit Geistern zu tun hat, denen die Lehre aller Künste gegeben und befohlen sind, als da sind: Physik, Medizin, Mathematik, Alchemie und dergleichen andere.

Dier siebte enthält die Magie des Apollonius und ihres Gleichen, welche mit der römischen und mikrokosmischen vermischt ist, und doch die Besonderheit aufweist, dass sie auch über die dem menschlichen Geschlechte feindlichen Geister Macht besitzt.

Der achte handelt von der hermetischen oder ägyptischen Magie. Diese spricht von allerlei heidnischen Göttern, die in den Tempeln wohnen.

Der neunte umfasst jene Magie, die allein von dem Wort Gottes abhängt und prophetische Magie genannt wird

----

Erster Band des Buches des

Arbatels der Magie

GENANNT

ISAGOGE

Im Namen des Schöpfers aller sichtbaren und unsichtbaren Kreaturen, welcher denen, die ihn anrufen, die Geheimnisse seiner himmlischen Schätze offenbart und dieselben ohne väterlich und barmherzig ohne Maß schenkt. Er sende uns durch seinen eingeborenen Sohn Jesum Christum seine Diener, die Offenbarer der Geheimnisse, dass wir das Buch Arbatel von den höchsten Geheimnissen, welche dem Menschen zu wissen gebührt, und deren er sich ohne Sünde bedienen darf, niederschreiben mögen. Amen.

Das erste Septenar der Aphorismen.

Erster Aphorismus.

Wer Geheimnisse und verborgene Dinge zu wissen begehrt, der wisse auch die Geheimnisse geheim zu halten, die Dinge aber, die man offenbaren soll, die offenbare er, und die sollen versiegelt und verschlossen bleiben, die versiegle und verschließe er, und gebe das Heilige nicht vor die Hunde, oder werfe die Perlen nicht vor die Säue. Befolge dieses Gebot, und die Augen deines Verstandes werden geöffnet werden, um geheime Dinge zu verstehen; und dir wird alles, was immer dein Geist begehrt, göttlich offenbart werde. Auch die Engel Gottes und Geister der Natur werden dir schnell und bereitwillig zur Verfügung stehen, um dir so zu dienen, wie es sich ein menschliches Herz nur wünschen kann.

Aphor. 2.

In allen Dingen rufe den Namen des Herrn an; und unternimm nichts, ohne durch seinen eingeborenen Sohn zu Gott zu beten. Und bediene dich der Geister, welche dir von

Gott vergönnt und gegeben sind, als Diener, ohne Übermut und Anmaßung und erweise dem Herrn der Geister die gebührende Ehrfurcht, und verwende die übrige Zeit deines Lebens zur Ehre Gottes und zu deinem und zum Nutzen deiner selbst und deines Nächsten.

Aphor. 3.

Lebe für dich selbst und die Musen; fliehe die Freundschaft der Menge; lasse keine Zeit ungenutzt vorübergehen, befleiße dich, Jedermann Gutes zu tun, und gebrauche deine Gaben zur Ehre Gottes; sei fleißig in deinem Beruf, und das Wort Gottes weiche nimmer von deinem Munde.

Aphor. 4.

Gehorche denen, die dich zum Guten ermahnen, vermeide allen unnützen Aufschub, und gewöhne dich an Standhaftigkeit und Ernst in Worten wie in Werken; widerstehe den Anfechtungen des Versuchers durch das Wort Gottes, fliehe die irdischen Dinge, suche aber nach dem Himmlischen, und verlasse dich nicht auf deine eigene Weisheit, sondern in all deinem Tun auf Gott den Herrn, nach der Lehre der Schrift, die da sagt: Wenn wir nicht

wissen, was wir tun sollen, so erheben wir, Gott! zu dir unsere Augen, und erwarten Hilfe von dir; denn wo die menschliche Hilfe uns verlässt, da erleuchte uns die Hilfe Gottes, nach dem

Spruch des *Philo.*

Aphor. 5.

Liebe Gott von ganzen Herzen, von ganzer Seele, und mit allen deinen Kräften, und deinen Nächsten wie dich selbst, so wird dich der Herr bewahren wie seinen Augapfel, und dich von allem Übel erretten, er wird dich erfüllen mit allem Guten, deine Seele wird nichts begehren, dessen du nicht teilhaftig werdest, siehe nur, dass dein Begehren dir zum Heil des Leibes und der Seele diene.

Aphor. 6.

Was du gelernt hast, das wiederhole oft und präge es dir ein; und lerne viel, aber nicht vielerlei, denn ein menschlicher Verstand kann nicht alle Dingen gleich verstehen, es sei denn, er wird göttlich dazu begnadet; einem solchen ist nichts zu schwer oder mannigfaltig, dass er ihm nicht gewachsen wäre.

Aphor. 7.

Rufe mich an am Tag der Not, so will ich dich erhören, und du sollst mich preisen, spricht der Herr. Denn alle Unwissenheit ist Trübsal des Geistes; darum rufe in deiner Unwissenheit den

Herrn an, und er wird dich erhören, sei aber eingedenk, Gott allein die Ehre zu geben, und spreche mit dem Psalmisten: Nicht uns, Herr, nicht uns, sondern deinem Namen gib die Ehre.

Das zweite Septenar.

Aphor. 8.

Wie die Schrift bezeugt, gibt Gott jeder Person und allen Dingen ihren Namen, und teilt zugleich jedem seine Kraft und Amt aus seinen Schätzen zu, so haben auch die Gestirne und Namen der Konstellationen ihre Kraft und Wirkung nicht durch ihre Gestalt oder Aussprache, sondern aus der Kraft oder dem Amt, welches Gott zu einem solchen Namen oder Zeichen verleiht; denn es gibt keine Kraft, weder im Himmel noch auf Erden, noch in der Hölle, die nicht von Gott kommt, ohne seine Erlaubnis vermögen solche Zeichen und Namen von sich selbst aus keine Wirkung hervorzubringen.

Aphor. 9.

Die höchste Weisheit ist die, welche in Gott ist, darauf folgt die in den geistigen Kreaturen, sodann die in den körperlichen, und viertens die in der Natur und den natürlichen Dingen. Dann folgen in weiter Entfernung die abtrünnigen und für den Tag des Gerichts vorbehaltenen Geister; die sechste

Stelle nehmen die Höllischen Geister ein, welche Diener der

Strafe sind; siebentens endlich sind nicht die unbedeutendsten die Pygmäen oder Zwerge, und die Geister, welche in den Elementen wohnen. Es ist gut, allen Unterschied in der Weisheit des Schöpfers und der Kreaturen zu kennen, auf dass wir gewiss sein mögen, was wir zu unserem Gebrauch und Nutzen von jedem nehmen können und sollen, und wie dasselbe geschehen möge, denn alle Kreaturen sind zum Nutzen und Dienste des Menschen erschaffen, wie die Heilige Schrift, die Vernunft und die Erfahrung bezeugen.

Aphor. 10.

Gott der allmächtige Vater, Schöpfer des Himmels und der Erde, aller sichtbaren und unsichtbaren Dinge, gibt sich in der Heiligen Schrift zu erkennen, und wie ein Vater, der seine Kinder herzlich liebt, lehrt er uns, was für uns nützlich und schädlich ist, was wir fliehen und was wir annehmen sollen, und lockt uns durch Verheißung zeitlicher und ewiger Wohltaten zum Gehorsam gegen seine Gebote, und durch Verkündigung seiner Strafen und schreckt uns ab von dem,

was uns schädlich ist. Deshalb sei dein höchster Fleiß, dich

Tag und Nacht in Betrachtung der Heiligen Schrift zu üben, auf, dass du hier und dort und in alle Ewigkeit selig sein mögest. Tue, was dich die Schrift lehrt, so wirst du leben.

Aphor. 11.

Die Zahl Vier ist pythagoräisch und die erste Quadratzahl; deshalb legen wir hier das Fundament zu aller Weisheit, nach der geoffenbarten Weisheit Gottes in der Heiligen Schrift, und zur Betrachtung des Zweckes der Natur. Dem, der allein an Gott hängt, muss die Weisheit aller Kreaturen dienen und gehorchen, ob sie nun wollen oder nicht. Darin offenbart sich die Allmacht Gottes. Deswegen ist alles daran gelegen, dass es unser Wille sei, dass uns die Kreaturen dienen, und dass wir die willfährigen Kreaturen von den unwillfährigen zu unterscheiden wissen, dass wir auch lernen, wie wir uns einer jeden Kreatur Wissen und Amt zueignen sollen. Diese Kunst aber wird allein von Gott gegeben. Wem Gott will, dem offenbart er seine Geheimnisse, wem er aber seine Schätze nicht mittheilen will, der wird ihm solche wider seinen Willen nicht abnehmen. Deshalb gebührt uns, die Kunst der Magie *[griechisch]* Gott zu erbitten, welcher uns derselbe gnädig

erweisen wird. Denn der uns seinen Sohn geschenkt, und uns um seinen heiligen Geist bitten hieß, wird uns umso mehr die ganze Schöpfung der sichtbaren und unsichtbaren Dinge untertänig machen. Alles, was ihr erbittet, werdet ihr erhalten; allein sehet zu, dass ihr die Gaben Gottes nicht missbrauchet, so wird alles zu eurer Seligkeit dienen. Vor allen Dingen aber wachet darüber, dass eure Namen im Himmel geschrieben seien, denn dass euch die Geister gehorsam sind, ist viel geringer, wie Christus ermahnet.

Aphor. 12.

In der Apostelgeschichte sagt der Geist zu *Petrus* nach der Vision: *"Geh hinab, und zweifle nicht, denn ich habe sie gesandt",* als *er* von *Kornelius*, dem Hauptmann, gerufen wurde. Solchermaßen wurden anfangs alle Künste durch die heiligen Engel mündlich gelehrt, wie aus den ägyptischen Monumenten zu ersehen ist. Diese Künste sind mittlerweile durch menschliche Meinungen und durch Anstiftung böser Geister (welche ihr Unkraut in die Kinder des Unglaubens gesät haben) verfälscht und verunreinigt worden, wie aus dem heiligen Paulus und Hermes Trismegistus überliefert. Es ist gibt nun fernerhin keinen besseren Weg noch Weise, die Künste wieder in ihren alten Stand der Vollkommenheit zu

bringen, als durch die heiligen Engel und Geister Gottes, denn der wahre Glaube kommt aus dem Hören.

Damit du aber der Wahrheit gewiss seiest und nicht zweifelst, ob der Geist, der mit dir redet, wahrhaftige oder falsche Dinge spricht, liegt an deinem Glauben und Vertrauen auf Gott, wenn du mit Paulus sagen mögest: Ich weiß und bin gewiss, wem ich vertraue, denn da kein Sperling ohne den Willen Gottes auf die Erde fällt, wie viel weniger wird dich Gott von einem Falschen betrügen lassen, wenn du allein an Gott hangest und bei ihm bleibest.

Aphor. 13.

Der Herr lebt, und alles, was lebt, lebt in ihm. Und er ist wahrhaftig יהוה , der allen Dingen gegeben hat, dass sie seien, was sie sind, und hat durch sein Wort allein aus nichts erschaffen. Er nennt alle Sterne und das ganze Heer des Himmels bei ihrem Namen. Er kennt also die wahre Kraft und Natur der Dinge, die Ordnung und Politik aller sichtbaren und unsichtbaren Geschöpfe. ihm hat Gott die Namen seiner Geschöpfe offenbart. Er empfange von Gott die Macht, die Wirkungen in der Natur und die verborgenen Geheimnisse

der Schöpfung herauszuziehen und ihre Kraft aus der Dunkelheit ins Licht zu bringen. Dein Bestreben muss also sein, dass du die Namen der Geister kennst, d.h. ihr Amt und ihre Kraft, die ihnen von Gott gegeben ist, und dass sie dir von ihm zu deinem Dienst unterwürfig und gehorsam gemacht und dir zugetan werden, wie Raphael dem Tobias zugesellt war, dass er den Vater gesundmachte, den Sohn vor Todesgefahr errettete und ihm sein Weib zuführte. Michael regierte das Volk Gottes, Gabriel, ein Bote Gottes, ist zu Daniel, Maria und Zacharias, des Vater Johannis des Täufers gesandt worden. Also wird auch dir, wenn du bittest, einer der Geister gegeben werden, der dich lehre, was dein Herz in der Natur zu wissen begehrt. Bediene dich seiner Hilfe mit Furcht und Zittern vor deinem Schöpfer, Erlöser und Seligmacher, nämlich Gottes dem Vater, Sohn und heiligen Geiste. Lasse keine Gelegenheit, etwas Nützliches zu lernen, vorübergehen, sei fleißig und emsig in deinem Beruf, so wirst du an allen notdürftigen Sachen keinen Mangel haben.

Aphor. 14.

Deine Seele lebt ewig durch den, der dich erschaffen hat; darum rufe den Herrn, deinen Gott, an, und du sollst ihm allein dienen. Das sollst du tun, wenn du den Zweck erfüllen

willst, zu dem du von Gott bestimmt bist, und was du Gott und deinem Nächsten schuldest. Gott verlangt von dir, dass du seinen Sohn ehrst und die Worte seines Sohnes in deinem Herzen bewahrst; wenn du ihn ehrst, hast du den Willen deines Vaters im Himmel getan. Deinem Nächsten schuldest du und dass du alle Menschen, die zu dir kommen, dazu bringst, den Sohn zu ehren. Das ist das Gesetz und die Propheten. In zeitlichen Dingen sollst du Gott wie einen Vater anrufen, dass er dir alles Lebensnotwendige gebe; und du sollst deinem Nächsten helfen mit den milden Gaben, die Gott dir schenkt, seien sie geistlich oder körperlich.

Darum sollst du so beten:

O Herr des Himmels und der Erde, Schöpfer und Erschaffer aller sichtbaren und unsichtbaren Kreaturen, ich, der ich unwürdig bin, rufe dich an durch deinen eingeborenen Sohn Jesus Christus, unseren Herrn, dass du mir deinen heiligen Geist gibst, der mich in deiner Wahrheit zu allem Guten leitet. Amen.

Denn ich wünsche ernstlich, die Künste dieses Lebens und die Dinge, die für uns notwendig sind, vollkommen kennen zu

lernen, welche so sehr in Dunkelheit gehüllt und mit unzähligen menschlichen Meinungen verfälscht und befleckt sind, dass ich aus eigener Kraft zu keiner Erkenntnis in ihnen gelangen kann, es sei denn, du lehrst sie mich: Sende mir daher einen deiner Geister, der mich das lehren kann, was du mich wissen und lernen lassen willst, zu deinem Lob und Ruhm und zum Nutzen unseres Nächsten. Gib mir ein verständiges und gelehriges Herz, dass ich das alles leicht verstehen kann. was du mich lehren wirst, und bewahre sie in meinem Verstand, damit ich sie wie aus deinen unerschöpflichen Schätzen zu allen notwendigen Zwecken hervorbringe. Und gib mir die Gnade, dass ich diese deine Gaben demütig, mit Furcht und Zittern gebrauchen kann, durch unseren Herrn Jesus Christus, mit deinem heiligen Geist. Amen

Das Dritte Septenar.

Aphor. 15.

Olympische Geister heißen die, welche das Firmament und die Sterne des Firmamentes bewohnen und die Geschicke zu verkünden und auszuteilen haben, soweit es Gott gefällt und er es zulässt; denn es wird keinem, der unter dem Schutz des Höchsten wohnet, weder ein böser Geist oder ein böses Schicksal schaden können. Ein jeder aber von den olympischen Geistern lehrt und vollbringt das, was sein Gestirn, dem er zugeordnet ist, anzeigt und bedeutet, wiewohl er ohne Erlaubnis Gottes nichts in die Tat umsetzen kann. Denn Gott allein ist es, der ihm die Macht gibt, Gott dem Schöpfer aller Dinge, gehorchen alle himmlischen, sublunaren und höllischen Dinge; deswegen, strebe dahin, dass du bei allem, was du vornimmst und tust, Gott deinen Führer sein lässt, so wird all dein Tun ein glückliches Ende und ersehntes Ende nehmen, wie die Geschichte der ganzen Welt und die tägliche Erfahrung es bezeugt. Dem Frommen ist Friede, *dem Gottlosen ist kein Friede, spricht der Herr.*

Aphor. 16.

Es gibt sieben verschiedene Ämter der Geister des *Olymps*, durch die Gott das gesamte Universum dieser Welt regiert hat: und ihre sichtbaren Sterne sind ARATRON, BETHOR, PHALEG, OCH, HAGITH, OPHIEL, PHUL, in olympischer Sprache so genannt. Ein jeder von ihnen hat unter sich eine mächtige *Heerschar* am Firmament.

* ARATRON regiert die sichtbaren Provinzen XLIX.
* BETHOR, XLII.
* PHALEG, XXXV.
* OCH, XXVIII.
* HAGITH, XXI.
* OPHIEL, XIIII.
* PHUL, VII.

So gibt es im ganzen Universum 196 *olympische* Provinzen, in denen die sieben Herrscher ihre Macht ausüben: all das ist in der Astronomie elegant dargelegt. Hier aber soll erklärt werden, auf welche Weise eine Verbindung zu diesen Fürsten und Mächten hergestellt werden kann. *Aratron* erscheint in der ersten Stunde des *Samstags*, und gibt sehr wahrhaftige Antworten über seine Provinzen und was ihnen unterworfen ist.

So erscheinen auch die übrigen in der Reihenfolge ihrer Tage und Stunden und jeder von ihnen regiert 490 Jahre. Im 60. Jahr vor Christi Geburt, begann die Herrschaft von *Bethor*, und sie dauerte bis zum Jahr unseres Herrn Christus 430. Ihm folgte *Phaleg* bis zum Jahr 920. Dann *Och* bis zum Jahr 1410, und von da an regierte *Hagith* bis zum Jahr 1900.

Aphor. 17.

Die sieben Fürsten der Geister werden allein durch magische Kunst gefordert und gerufen, auf sichtbare oder unsichtbare Weise zu erscheinen, und zwar zu den Tagen und Stunden, denen sie zugeordnet sind, durch ihre Namen und Ämter, die ihnen Gott gegeben hat, mit Vorlegung und Vorzeigung ihrer Zeichen, die sie selbst gegeben oder bestätigt haben.

Der Statthalter **Aratron** hat in seiner Macht das, was er von Natur aus tut, d.h. nach der gleichen Art und Weise in den dazu bereiteten und verordneten Materien wirkt und zwar solche Dinge, die in der Astronomie der Kraft des *Saturn* zugeschrieben werden.

Die Dinge, die er aus freiem Willen tut, sind,

1. Dass er jedes Ding, auch ein Tier oder Kraut in einem Augenblick in einen Stein verwandeln kann, sei es ein Tier

oder eine Pflanze, wobei es dieselbe Gestalt behält, die es zuvor hatte.

2. Er verwandelt Schätze in Kohle und Kohle in Schätze.

3. Er gibt dienstbaren Geistern eine bestimmten Kraft.

4. Er lehrt *Alchimie*, Magie und Physik.

5. Er macht dem Menschen die Zwerge und Waldmenschen zu Freunden.

6. Er macht unsichtbar.

7. Er macht das Unfruchtbare fruchtbar und schenkt ein langes Leben.

Sein Zeichen.

Er hat 49 Könige, 42 Fürsten, 35 Satrapen, 28 Herzöge, 21 Diener unter seiner Herrschaft, die vor ihm stehen; 14 Vertraute, sieben Boten; er befiehlt 36000 Legionen von Geistern; die Zahl einer Legion ist 490.

Bethor regiert Dinge, die dem *Jupiter* zugeschrieben werden: Wenn er gerufen wird, erscheint er bald. Welchen er seines Charakters würdigt, den bringt er zu großen Ehren, gibt ihm große Schätze, und verschafft ihm die Geister der Luft, die wahrhaftige Antwort geben, und alle Dinge zur Stelle schaffen, wie Edelsteine und Arzneien, die Wunder wirken. Er verschafft auch die [113] dienstbaren Geister des Firmaments, und vermag des Leben (so Gott es will) auf 700 Jahre zu verlängern und zu erhalten.

Sein Zeichen.

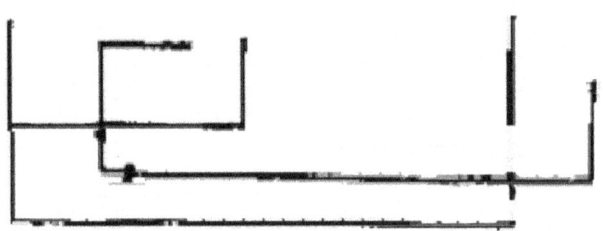

Er hat unter sich 42 Könige, 35 Fürsten, 28 Herzöge, 21 Berater, 14 Diener, 7 Boten, 29000 Legionen von Geistern.

Phaleg herrscht über die Dinge, die dem Mars zugeschrieben werden und ist ein Fürst des Krieges. Wer sein Zeichen gibt, den erhebt er zu großen Ehren in kriegerischen Angelegenheiten.

Sein Zeichen.

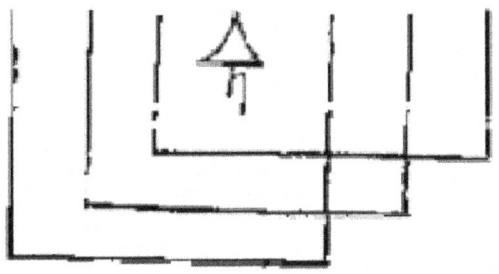

Och regiert die solaren Dinge; er verlängert das Leben auf 600 Jahre bei vollkommener Gesundheit; er verleiht höchste Weisheit, gibt die ausgezeichnetsten Geister und macht sie zu Freunden, lehrt vollkommene Arzneikunde; er verwandelt alle Dinge in reinstes Gold und Edelsteine; er gibt Gold und einen Geldbeutel, der vor Gold überquillt. Wen er seines Zeichens würdigt, , der wird von den Königen und Fürsten der Welt hoch geehrt.

Sein Zeichen.

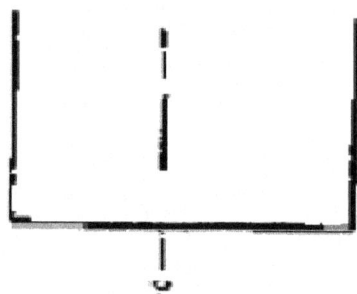

Er hat 36536 Legionen unter sich; er regiert und ordnet alle Dinge und alle seine Geister dienen ihm nach der Ordnung ihrer Centurien.

Hagith regiert die *zur Venus gehörigen* Dinge. Wen er seines Zeichens für würdig erachtet, dem gibt er eine schöne Gestalt und schmückt ihn auf das Beste. Er verwandelt Kupfer augenblicklich in Gold und verschafft Geister, die demjenigen, welchem sie zugeordnet sind, treu dienen.

Sein Zeichen.

Er hat 4000 Legionen von Geistern, und über alle tausend setzt er Könige für ihre bestimmten Zeiten ein.

Ophiel ist der Herrscher über die Dinge, die dem Merkur zugeschrieben werden: sein Zeichen ist dieses.

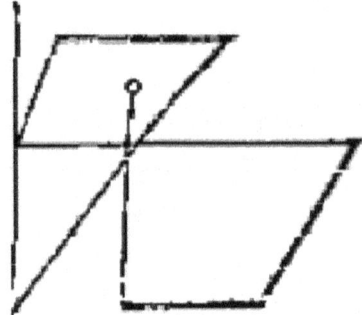

Seiner Geister Zahl beträgt 100000 Legionen; er verleiht sehr leicht dienstbare Geister; er lehrt alle Künste; und wen er mit seinem Zeichen würdigt, den macht er fähig, in einem Augenblick Quecksilber in den Stein der Weisen zu verwandeln.

Phul *hat dieses Zeichen.*

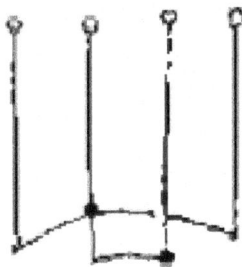

Er verwandelt augenblicklich alle Metalle in Silber und regiert das Mondgeschehen; er heilt die Wassersucht; er verleiht Wassergeister, die den Menschen in körperlicher und sichtbarer Gestalt dienen und macht die Menschen 300 Jahre alt.

Die allgemeinsten Gebote dieses Geheimnisses.

1. Jeder Regent handelt mit allen seinen Geistern, entweder von Natur aus, d.h. immer nach demselben Muster, oder aus seinem freiem Willen, wenn Gott ihn nicht hindert.

2. Er ist fähig, alle Dinge zu tun, die auf natürliche Weise in einer langen Zeit aus der zuvor disponierten Materie getan werden können und sie auch augenblicklich aus der zuvor nicht vorbereiteten Materie zu tun. So wie *Och*, der Fürst der solaren Dinge, Gold in den Bergen in langer Zeit zubereitet, in kürzerer Zeit durch die Kunst der Alchemie und magisch in einem Augenblick.

3. Der wahre und göttliche Magier kann sich aller Geschöpfe Gottes und des Dienstes der Geister der Welt nach seinem Willen bedienen, denn die Regenten der Welt sind ihnen gehorsam und kommen, wenn sie gerufen werden, und führen ihre Befehle aus; aber nicht ohne den Willen und Befehl Gottes, wie *Josua* die Sonne am Himmel stillstehen ließ.

Sie senden einige ihrer Geister zu den gemeinen Magiern, die ihnen nur in gewissen Angelegenheiten gehorchen; aber sie hören nicht auf die falschen Magier, sondern setzen diese den Täuschungen der Teufel aus, die ihr Gespött mit ihnen treiben und sie in vielerlei Gefahren stürzen, und zwar auf Befehl Gottes, wie es der Prophet *Jeremia* in seinem achten Kapitel über die Juden bezeugt.

4. In allen Elementen wirken sieben Regenten mit ihren Heerschaaren, welche die gleiche Bewegung mit den Firmamenten aufweisen und es gehorchen allezeit die Untern den Obern, wie in der **Philosophia Gratiae** gelehrt wird.

5. Ein Mann, der ein wahrer Magier ist, wird aus dem Mutterleib als Magier geboren; aber die, die sich diesem Amt widmen wollen, sind unglücklich. Das ist es, wovon *Johannes der Täufer* spricht: *Niemand kann etwas von sich aus tun, es sei denn, es wird ihm von oben gegeben.*

6. Jedes Zeichen, das von einem Geist herrührt, hat seine Wirksamkeit und Kraft in dem, wozu es gegeben wird, eine festgelegte Zeit lang: Aber es muss an dem Tag und in derselben Planetenstunde verwendet werden, der es angehört.

7. Gott lebt, und deine Seele lebt; halte deinen Bund ein und du hast, was der Geist dir offenbaren wird in Gott; denn es wird alles geschehen, was der Geist dir verheißt.

Aphor. 18.

Die Namen der olympischen Geister werden von den Einen so, von Andern wieder anders angegeben: doch sind jene allein wirksam, die einem jeden von dem offenbarenden Geist entweder sichtbar oder unsichtbar gegeben werden und werden jedem so gegeben, wie er prädestiniert ist, weshalb sie konstellierte Namen heißen; sie haben selten eine Wirksamkeit über 140 Jahre. Aus diesem Grund gehen die Schüler dieser Kunst am sichersten, wenn sie ohne Namen bloß durch die Ämter der Geister wirken, und wenn sie zur Magie geboren sind, so wird sich das Übrige von selbst ergeben. Bittet um einen festen, beständigen Glauben, so wird Gott alles zu rechter Zeit ordnen und schicken.

Aphor. 19.

Der Olymp und seine Bewohner in Gestalt der Geister bieten sich von selbst dem Menschen an und erweisen ihm ihre Dienste; wie viel mehr werden sie zugegen sein, wenn du ihrer begehrst! Dass sich aber die Bösen und Verderber auch mit einmischen, das geschieht aus Neid und um die Menschen mit ihren Sünden an sich zu locken.

Wer daher mit den Geistern Gemeinschaft zu haben begehrt, der hüte sich vor groben Sünden, und bitte fleißig um den Schutz und die Hilfe des Höchsten, so wird er die Fallstricke und Hinterlist, und alle Verhinderung des Teufels durchbrechen. Sogar dem Teufel selbst wird von Gott geboten und er wird gezwungen werden, einem solchen Magier nützlich zu dienen.

Aphor 20.

Alles ist möglich dem der da glaubt, alles aber unmöglich dem Ungläubigen und Nichtwollenden. Nichts ist hier mehr hinderlich als die Wankelmütigkeit und Unbeständigkeit des Gemüts, unnützes Treiben, Völlerei Unzucht und Ungehorsam gegen das Wort Gottes. Deshalb soll der Magier ein gottesfürchtiger, frommer Mann sein, standhaft in Worten und Werken, mit einem starken und festen Vertrauen zu Gott, vorsichtig und kein Ding zu viel begehrend, außer der Weisheit in göttlichen Dingen.

Aphor. 21.

Wenn du einen der *olympischen* Geister anrufen willst, beobachte den Sonnenaufgang an einem solchen Tag von dessen Natur der Geist ist, den du begehrst, und sprich das folgende Gebet mit rechter Andacht, dann werden deine Wünsche erfüllt.

Allmächtiger und ewiger Gott, der du die ganze Schöpfung zu deinem Lob und deiner Herrlichkeit und zum Heil der Menschen bestimmt hast, Ich bitte dich, dass du deinen Geist N.N. aus der Ordnung der Sonne sendest, (hier sage, aus welcher Ordnung und welchem Planeten du den Geist haben willst), der mich unterrichtet und lehrt, was ich von ihm erbitte, oder dass er mir eine heilsame Arznei gegen die Wassersucht bringt, &c. Doch nicht mein, sondern dein Wille geschehe, durch Jesus Christus, deinen eingeborenen Sohn, unseren Herrn. Amen.

Aber du sollst den Geist nicht länger als eine volle Stunde aufhalten, es sei denn, er ist dir besonders vertraut und zugetan; dann sollst du ihn mit folgenden Worten wieder beurlauben

Da du in Ruhe und Frieden gekommen bist und auf meine Fragen geantwortet hast, sage ich Gott Lob und Dank, in dessen Namen du gekommen bist, und nun kannst du in Frieden zu deinen Aufträgen zurückgehen und zu mir zurückkehren, wenn ich dich bei deinem Namen oder bei deinem Auftrag oder bei deinem Amt rufe, das dir vom höchsten Schöpfer verliehen wird. Amen.

Das vierte Septenar.

Aphor. 22.

Wir nennen ein Geheimnis, was niemand durch menschliche Geschicklichkeit und Weisheit, ohne besondere Offenbarung zu erforschen vermag; die Wissenschaft liegt von Gott in der Schöpfung verborgen; und welche er den Geistern zu gebührlichem Gebrauche einer Sache zu offenbaren erlaubt. Und diese Geheimnisse betreffen entweder göttliche, oder natürliche, oder menschliche Dinge. Erforsche aber nur einige und zwar die auserlesensten, womit du vielen nützlich sein magst.

Aphor. 23.

Mache einen Anfang von der Natur des Geheimnisses, entweder durch einen Geist in der Gestalt einer Person, oder durch eigene Tugenden, entweder in menschlichen Organen, oder auf welche Weise auch immer dasselbe bewirkt werden kann; und da dies bekannt ist, verlange von einem Geist, der diese Kunst kennt, dass er dir kurz erklärt, was das Geheimnis ist: und bete zu Gott, dass er dich mit seiner

Gnade beseelen möge, damit du das Geheimnis zu dem Ende bringst, dass du wünschst, zum Lob und zur Ehre Gottes und zum Nutzen deines Nächsten.

Aphor. 24.

Die größten Geheimnisse sind sieben an der Zahl.

1. Die erste ist die Heilung aller Krankheiten innerhalb von sieben Tagen, entweder durch den Charakter, oder durch natürliche Dinge, oder durch die höheren Geister mit göttlichem Beistand.

2. Die zweite ist, dass wir in der Lage sind, das Leben zu verlängern, bis zu welchem Alter wir wollen: Ich sage, ein körperliches und natürliches Leben.

3. Die dritte ist, den Gehorsam der Geschöpfe in den Elementen zu haben, die in der Form von persönlichen Geistern sind; auch von Pygmäen, Sagani, Nymphen, Dryaden und Geistern der Wälder.

4. Das vierte ist, mit Wissen und Verstand von allen sichtbaren und unsichtbaren Dingen zu reden und die Kraft eines jeden Dinges und das, was dazu gehört, zu verstehen.

5. Die fünfte ist, dass der Mensch fähig ist, sich selbst nach dem Zweck zu regieren, zu dem Gott ihn bestimmt hat.

6. Die sechste ist, Gott und Christus und seinen heiligen Geist zu erkennen: Das ist die Vollkommenheit des *Mikrokosmos*.

7 Der siebte, um wiedergeboren zu werden, wie *Henochius*, der König unendlichen Welt.

Diese sieben Geheimnisse kann ein Mann mit einem ehrlichen und beständigen Geist von den Geistern lernen, ohne Gott zu verletzen.

Die mittleren Geheimnisse sind ebenfalls sieben an der Zahl.

1. Die erste ist die Transmutation von Metallen, die vulgär *Alchymie* genannt wird; sie ist gewiss nur sehr wenigen gegeben, und auch nur aus besonderer Gnade.

2. Die zweite ist die Heilung von Krankheiten mit Metallen, entweder durch die magnetischen Kräfte von Edelsteinen oder durch den Gebrauch des Philosophensteins und dergleichen.

3 Das dritte ist, astronomische und mathematische Wunder zu vollbringen, wie z. B. die *Hydraulik*, die Geschäfte durch den Einfluss des Himmels zu verwalten und dergleichen mehr.

4. Die vierte ist, die Werke der natürlichen Magie auszuführen, welcher Art sie auch immer sein mögen.

5. Die fünfte ist, alle physikalischen Geheimnisse zu kennen.

6. Die sechste ist, die Grundlage aller Künste zu kennen, die mit den Händen und Ämtern des Körpers ausgeübt werden.

7. Die siebte ist, die Grundlage aller Künste zu kennen, die von der engelhaften Natur des Menschen ausgeübt werden.

Die weniger bekannten Geheimnisse sind sieben an der Zahl.

1. Die erste ist, eine Sache fleißig zu tun und viel Geld zu sammeln.

2. Die zweite besteht darin, aus einem niederen Stand zu Würden und Ehren aufzusteigen und eine neue Familie zu gründen, die berühmt sein und Großes vollbringen kann.

3. Die dritte ist, sich in militärischen Angelegenheiten zu hervortun und glücklich zu sein, große Dinge zu erreichen und ein Oberhaupt der Könige und Prinzen zu sein.

4. Ein guter Haushälter zu sein, sowohl auf dem Land als auch in der Stadt.

5. Die fünfte ist, ein fleißiger und glücklicher Kaufmann zu sein.

6. Philosoph, Mathematiker und Arzt sein, nach Aristoteles, Platon, Ptolemäus, Euklid, Hippokrates und Galen.

7. Ein Göttlicher zu sein gemäß der Bibel und den Schulen, die alle alten und neuen Autoren der Göttlichkeit gelehrt haben.

Aphor. 25.

Wir haben bereits erklärt, was ein Geheimnis ist, und welche Arten es gibt; nun bleibt noch zu zeigen, wie wir dazu gelangen können, das zu wissen, was wir wünschen.

Der wahre und einzige Weg zu allen Geheimnissen besteht darin, sich an Gott, den Urheber alles Guten, zu wenden; und wie Christus lehrt: *Trachtet zuerst nach dem Reich Gottes und nach seiner Gerechtigkeit, so wird euch dies alles zugerechnet werden.*

2. Seht auch zu, dass eure Herzen nicht mit Völlerei und Trunkenheit und den Sorgen dieses Lebens belastet werden.

3. Überlasst auch eure Sorgen dem Herrn, und er wird es tun.

4. *Auch ich, der Herr, dein Gott, lehre dich, was von Nutzen ist, und leite dich auf dem Weg, auf dem du gehst.*

5. *Und ich will dir Verstand geben und will dich lehren auf dem Wege, den du gehen sollst, und will dich mit meinem Auge leiten.*

6 Wenn auch ihr, die ihr böse seid, euren Kindern Gutes zu geben wisst, wie viel mehr wird euer Vater im Himmel seinen heiligen Geist denen geben, die ihn bitten.

7. Wenn ihr den Willen meines Vaters im Himmel tut, so seid ihr meine wahren Jünger, und wir werden zu euch kommen und Wohnung bei euch nehmen.

Wenn du diese sieben Stellen der Schrift vom Buchstaben zum Geist oder in die Tat umsetzt, kannst du dich nicht irren, sondern wirst die gewünschte Grenze erreichen; du wirst nicht vom Ziel abschweifen, und Gott selbst wird dich durch seinen heiligen Geist wahre und nützliche Dinge lehren; er wird dir auch seine dienenden Engel geben, damit sie deine Begleiter, Helfer und Lehrer aller Geheimnisse der Welt seien, und er wird jeder Kreatur befehlen, dir gehorsam zu sein, so dass du mit den Aposteln freudig sagen kannst: "Die Geister sind dir gehorsam", so dass du endlich des Größten gewiss sein wirst: dass dein Name im Himmel geschrieben ist.

Aphor. 26.

Es gibt noch einen anderen Weg, der üblicher ist, dass dir Geheimnisse auch dann offenbart werden können, wenn du es nicht weißt, entweder durch Gott oder durch Geister, die Geheimnisse in ihrer Macht haben, oder durch Träume oder durch starke Einbildungen und Eindrücke oder durch die Konstellation einer Geburt durch himmlisches Wissen. Auf diese Weise sind heroische Männer gemacht, non denen es sehr viele gibt, und alle gelehrten Männer in der Welt, *Plato, Aristoteles, Hippokrates, Galen, Euklid, Archimedes, Hermes Trismegistus*, der Vater der Geheimnisse, mit *Theophrastus, Paracelsus*; alle diese Männer hatten in sich selbst alle Tugenden der Geheimnisse. Bis hierher werden auch *Homer, Hesiod, Orpheus, Pythagoras* genannt; aber diese hatten nicht solche Gaben der Geheimnisse wie die ersteren. Dazu gehören die Nymphen und die Söhne von *Melusina*, und Götter der Heiden, *Achilles, Æneas, Herkules*: auch *Cyrus, Alexander* der Große, *Julius Cæsar, Lucullus, Sylla. Marius.*

Es ist Kanon, dass jeder seinen eigenen Engel erkennen und ihm nach dem Wort Gottes gehorchen soll; und er soll sich vor den Schlingen des bösen Engels hüten, damit er nicht in das Unglück von *Brute* und *Marcus Antonius* verwickelt wird. Siehe dazu das Buch des *Jovianus Pontanus* von Fortuna und seines *Eutichus*.

Der dritte Weg ist die fleißige und harte Arbeit, ohne die nichts Großes von der göttlichen Gottheit erlangt werden kann, das der Bewunderung wert ist, wie es heißt,

Tu nihil invita dices facie sue Minerva.
Nichts darfst du gegen Minervas Willen tun oder sagen.

Wir verabscheuen alle bösen Zauberer, die sich mit ihrem ungesetzlichen Aberglauben mit den Teufeln verbünden und manches erwirken und bewirken, was Gott erlaubt zu tun, statt der Strafe der Teufel. Also tun sie auch andere böse Taten, und der Teufel ist der Urheber, wie die Schrift von *Judas* bezeugt. Zu diesen gehören alle Götzendiener von alters her und von unserm Zeitalter, und Schänder des Glücks, wie die

die Heiden, sind voll davon. Und zu diesen gehören alle charontischen Geisterbeschwörungen, die Taten des *Saul* mit dem Weibe, und *Lucanus* Weissagung des verstorbenen Soldaten über das Ereignis des Pharsalischen Krieges, und dergleichen.

Aphor. 27.

Mache einen Kreis mit dem Mittelpunkt A, der ist B. C. D. E. Im Osten sei B.C. ein Quadrat. Im Norden C.D. Im Westen D.E. Und im Süden E.D. Teilt die verschiedenen Quadrate in sieben Teile, so dass es im Ganzen 28 Teile gibt; und lasst sie wieder in vier Teile geteilt werden, so dass es 112 Teile des Kreises gibt: und so viele sind die wahren Geheimnisse zu enthüllen. Und dieser auf diese Weise geteilte Kreis ist das Siegel der Geheimnisse der Welt, die sie aus dem einzigen Mittelpunkt A, d.h. aus dem unsichtbaren Gott, der ganzen Kreatur entziehen. Der Fürst der orientalischen Geheimnisse sitzt in der Mitte und hat drei Adlige zu beiden Seiten, von denen jeder vier unter sich hat, und der Fürst selbst hat vier, die zu ihm gehören. Und auf diese Weise haben die anderen Fürsten und Adligen ihre Quadranten von Geheimnissen, mit ihren vier Geheimnissen. Das östliche

Geheimnis aber ist das Studium aller Weisheit, das westliche das der Kraft, das südliche das des Ackerbaus und das nördliche das des strengen Lebens. So, dass die östlichen Geheimnisse gelobt werden der Meridian ist der beste, der Osten und der Norden sind die geringsten. Der Nutzen dieses Siegels der Geheimnisse ist, dass du dadurch weißt, woher die Geister oder Engel kommen, die die ihnen von Gott übermittelten Geheimnisse lehren können. Sie haben aber Namen nach ihren Ämtern und Kräften, je nach der Gabe, die Gott einem jeden von ihnen zugeteilt hat. Einer hat die Macht des Schwertes, ein anderer die der Pestilenz, wieder ein anderer die Macht, die Menschen mit Hungersnot zu überziehen, wie es von Gott bestimmt ist. Einige sind Zerstörer von Städten, wie die beiden, die gesandt wurden, um *Sodom* und *Gomorrha* und die angrenzenden Orte zu zerstören, wovon die Heilige Schrift Zeugnis ablegt. Einige sind die Wächter über Königreiche, andere die Hüter von Privatpersonen; und von daher kann jeder leicht ihre Namen in seiner eigenen Sprache bilden: so, dass, wer will, einen physischen Engel, einen mathematischen oder philosophischen, oder einen Engel der bürgerlichen Weisheit, oder der übernatürlichen oder natürlichen Weisheit, oder um irgendetwas bitten kann; und er möge ernstlich bitten, mit einem großen Verlangen seines Geistes, und mit Glauben

und Beständigkeit und ohne Zweifel, was er bittet, wird er vom

Vater und Gott aller Geister empfangen. Dieser Glaube überwindet alle Siegel und macht sie dem Willen des Menschen untertan. Die charakteristische Art, Engel zu rufen, folgt auf diesen Glauben, der allein von der göttlichen Offenbarung abhängt; aber ohne den besagten Glauben, der ihm vorausgeht, liegt alles im Dunkeln. Wer sie aber zum Gedächtnis und nicht anders gebrauchen will, und als ein Ding, das Gott einfach zu seinem Zweck geschaffen hat, an das eine solche geistige Kraft oder ein solches Wesen gebunden ist, der kann sie gebrauchen, ohne Gott zu verletzen. Aber er soll sich hüten, dass er nicht in den Götzendienst und in die Schlinge des Teufels fällt, der mit seinen listigen Zaubereien die Unvorsichtigen leicht verführt. Und er ist nicht allein durch den Finger Gottes genommen und zum Dienst der Menschen bestimmt, so dass sie wider Willen den Frommen dienen, aber nicht ohne Versuchungen und Trübsal; denn das Gebot besagt, dass er unter die Ferse CHRISTI, und den Samen der Frau, gepflanzt werden soll. Darum sollen wir uns in geistlichen Dingen üben mit Furcht und Zittern und mit großer Ehrfurcht vor Gott, und in geistlichen Dingen mit Ernst und Gerechtigkeit umgehen. Und wer sich mit solchen Dingen befasst, der hüte sich vor aller Leichtfertigkeit, Hochmut, Habsucht, Eitelkeit, Neid und Gottlosigkeit, wenn er nicht elendiglich zugrunde gehen will.

Aphor. 28.

Weil alles Gute von Gott kommt, der allein gut ist, sollen wir das, was wir von ihm erlangen wollen, durch Gebet im Geist und in der Wahrheit und mit einfältigem Herzen suchen. Die Schlussfolgerung des Geheimnisses der Geheimnisse ist, dass jeder sich im Gebet übt, um das, was er sich wünscht, und er wird keine Zurückweisung erleiden. Niemand soll das Gebet verachten; denn wer zu Gott betet, dem kann und will er geben. Nun lasst uns ihn als den Urheber anerkennen, von dem wir demütig unsere Wünsche erbitten. Ein barmherziger und guter Vater liebt die Söhne des Verlangens, wie *Daniel*, und erhört uns eher, als dass wir die Härte unseres Herzens zu beten überwinden können. Er will aber nicht, dass wir heilige Dinge den Hunden geben, noch die Gaben seiner Schatzkammer verachten und verdammen. Darum lese fleißig und oft das erste Septenar der Geheimnisse und leite und richte dein Leben und alle deine Gedanken nach diesen Geboten; und alles wird sich fügen in das Verlangen deines Geistes in dem Herrn, dem du vertraust.

Das Fünfte Septenar

Aphor. 29.

Da unser Studium der Magie der Reihe nach von allgemeinen Regeln ausgeht, wollen wir nun zu einer besonderen Erläuterung derselben kommen. Die Geister sind entweder göttliche Diener des Wortes, der Kirche und ihrer Glieder, oder sie sind den Geschöpfen in körperlichen Dingen zu dienen, teils zum Heil der Seele und des Leibes, teils zu ihrem Verderben. Und es wird nichts getan, weder Gutes noch Böses, ohne eine bestimmte und festgelegte Ordnung und Leitung. Wer ein gutes Ziel sucht, soll es verfolgen; und wer ein böses Ziel begehrt, soll es auch verfolgen, und zwar mit Nachdruck, um die göttliche Strafe zu vermeiden und sich vom göttlichen Willen abzuwenden. Darum soll ein jeder seine Ziele mit dem Wort Gottes vergleichen, als einem Prüfstein, der zwischen Gut und Böse urteilt, und soll sich vornehmen, was zu meiden und was zu erstreben ist; und das, was er sich vornimmt und bestimmt, soll er fleißig tun und nicht zögern und aufschieben, bis er sein Ziel erreicht.

Aphor. 30.

Diejenigen, die Reichtum, Ruhm dieser Welt, Magie, Ehren, Würden, Tyranneien begehren, werden sie, wenn sie sich fleißig darum bemühen, erhalten, ein jeder nach seiner Bestimmung, seinem Fleiß und seinen magischen Wissenschaften, wie die Geschichte von *Melesina* und ihren Magiern bezeugt, die verfügten, dass keiner der italienischen Nation für immer die Herrschaft oder das Königreich von Neapel erhalten sollte, und sie brachten dass derjenige, der zu seiner Zeit herrschte, von seinem Sitz gestürzt wurde: so groß ist die Macht der Schutzengel oder Vormünder der Königreiche der Welt.

Aphor. 31.

Rufe den Fürsten des Königreichs und erteile ihm einen Befehl, und befiehl, was du willst, und es wird geschehen, wenn dieser Fürst nicht wieder von einem nachfolgenden Magier von seinem Gehorsam entbunden wird. Daher kann das Königreich *Neapel* den Italienern wiedergegeben werden, wenn irgendein Magier denjenigen ruft, der diesen Befehl erlassen hat, und ihn zwingt, seine Tat zu widerrufen;

er kann auch gezwungen werden, die geheimen Kräfte zurückzugeben, die aus der Schatzkammer der Magie entnommen wurden; ein Buch, eine Gemme und ein magisches Horn, die, wenn sie vorhanden sind, jeder leicht zum Monarchen der Welt machen kann, wenn er will. Aber *Judæus* hat es vorgezogen, unter Göttern zu leben, bis zum Gericht, vor den vergänglichen Gütern dieser Welt; und sein Herz ist so blind, dass er nichts von dem Gott des Himmels und der Erde versteht, oder mehr denkt, sondern sich an den Freuden der unsterblichen Dinge erfreut, zu seinem eigenen ewigen Verderben. Und er kann leichter angerufen werden, als der Engel des *Plotinus* im Tempel der *Isis*.

Aphor. 32.

In gleicher Weise wurden auch die Römer durch die Bücher der Sibyllen gelehrt und machten sich auf diese Weise zu Herren der Welt, wie die Geschichte bezeugt. Aber die Herren des Fürsten eines Königreichs verleihen die geringeren Ämter. also ein geringeres Amt oder eine geringere Würde zu haben wünscht, der rufe durch Zauberei einen Edlen des Fürsten an, und sein Wunsch soll erfüllt werden.

Aphor. 33.

Wer aber verächtliche Würden begehrt, wie den Reichtum allein, der rufe den Fürsten des Reichtums oder einen seiner Herren an, und er wird sein Begehren in dieser Art erhalten, wodurch er reich werden möchte, entweder in irdischen Gütern oder im Handel oder mit den Gaben der Fürsten oder durch das Studium der Metalle oder der Chymie; wie er irgendeinen Präsidenten des Reichwerdens durch diese Mittel hervorbringt, so wird er sein Begehren darin erhalten.

Aphor. 34.

Alle Arten von Beschwörungen sind von der gleichen Art und Form, und dieser Weg war den Sibyllen und Hohepriestern von alters her vertraut. Dies ist in unserer Zeit durch Unwissenheit und Frömmelei völlig verloren gegangen, und das, was übriggeblieben ist, ist mit unendlichen Lügen und Aberglauben verderbt.

Aphor. 35.

Der menschliche Verstand ist der einzige Ausführende aller wunderbaren Werke, so dass er jedem Geist Freude macht; und wenn er Freude hat, bringt er hervor, was er will. Darum sollen wir in der Magie vorsichtig vorgehen, damit uns nicht die Syrens und andere Ungeheuer täuschen, die ebenfalls die Gesellschaft der menschlichen Seele begehren. Der Magier soll sich stets sorgfältig unter den Flügeln des Höchsten verbergen, damit er sich nicht dem brüllenden Löwen zum Fraß vorwirft; denn wer irdische Dinge begehrt, entgeht nur schwer den Schlingen des Teufels.

Das sechste Septenar.

Aphor. 36.

Es ist darauf zu achten, dass Experimente nicht mit Experimenten vermischt werden, sondern dass jedes einzelne nur einfach und mehrfach ist:

Denn Gott und die Natur haben alle Dinge zu einem bestimmten und festgesetzten Zweck bestimmt, so dass, um ein Beispiel zu geben, diejenigen, die mit den einfachsten Kräutern und Wurzeln heilen, am glücklichsten von allen heilen. Und auf diese Weise liegen in den Gestalten, Worten und Zeichen, Steinen und dergleichen die größten Einflüsse oder Tugenden in der Tat verborgen, die anstelle eines Wunders stehen.

So sind es auch Worte, die, wenn sie ausgesprochen werden, sogleich die sichtbaren und unsichtbaren Geschöpfe zum Gehorsam veranlassen, sowohl die Geschöpfe dieser unserer Welt als auch die des Wassers, der Erde, der Unterwelt, des Olymps, des Überirdischen und des Höllenreichs, und auch die göttlichen.

Deshalb ist die Einfachheit vor allem zu studieren, und das Wissen um solche Einfachheit ist bei Gott zu suchen; sonst kann man sie durch keine anderen Mittel oder Erfahrungen herausfinden.

Aphor. 37.

Und lasst alle Lose anständig ihren Platz haben: Ordnung, Vernunft und Mittel, das sind die drei Dinge, die alles Lernen leichtmachen, sowohl der sichtbaren als der unsichtbaren Geschöpfe. Dies ist der Lauf der Ordnung, dass einige Geschöpfe der Erde sind.

Diese sind der Eitelkeit unterworfen, weil sie kopfüber in die Finsternis laufen und sich für ihren Aufruhr ewige Strafen einhandeln. ihr Reich ist teils sehr schön in vergänglichen und verderblichen Dingen, weil es nicht bestehen kann ohne irgendeine Tugend und große Gaben Gottes; und zum Teil sehr schmutzig und abscheulich, weil es von aller Bosheit und Sünde, von Götzendienst, Gottesverachtung, Lästerungen gegen den wahren Gott und seine Werke, Teufelsanbetern, Ungehorsam gegen die Obrigkeit, Aufruhr, Totschlag, Raub, Tyrannei, Ehebruch, bösen Lüsten,

Vergewaltigungen, Diebstählen, Lügen, Meineiden, Hochmut und begehrlicher Herrschsucht wimmelt; In diesem Gemisch besteht das Reich der Finsternis: Die Geschöpfe des Lichts aber sind erfüllt von der ewigen Wahrheit und von der Gnade Gottes und sind Herren der ganzen Welt und herrschen als Glieder Christi über die Herren der Finsternis. Zwischen diesen und den anderen herrscht ein ständiger Krieg, bis Gott ihrem Streit durch sein letztes Gericht ein Ende setzt.

Aphor. 38.

Die eine ist von Gott, die er den Geschöpfen des Lichts schenkt; die andere ist auch von Gott, aber da sie die Gabe ist, die er den Geschöpfe der Finsternis: und auch das ist zweierlei: das eine ist zu einem guten Zweck, wie wenn die Fürsten der Finsternis gezwungen werden, den Geschöpfen Gutes zu tun, indem Gott sie dazu zwingt; das andere ist zu einem bösen Zweck, wenn Gott solchen erlaubt, böse Menschen zu bestrafen, dass sie auf magische Weise zum Verderben verführt werden; oder er befiehlt auch, solche ins Verderben zu stoßen.

Die zweite Abteilung der Magie ist, dass sie einige Werke mit sichtbaren Instrumenten durch sichtbare Dinge bewirkt; und sie bewirkt andere Werke mit unsichtbaren Instrumenten durch unsichtbare Dinge; und sie wirkt andere Dinge, ebenso mit gemischten Mitteln, als Instrumente und Wirkungen.

Die dritte Abteilung lautet: Es gibt Dinge, die allein durch die Anrufung Gottes geschehen; dies ist teils prophetisch, teils philosophisch, teils gleichsam theophrastisch.

Es gibt noch andere Dinge, die aufgrund der Unkenntnis des wahren Gottes mit den Fürsten der Geister getan werden, damit seine Wünsche erfüllt werden können; das ist das Werk der Merkurianer.

Die vierte Abteilung ist, dass einige ihre Magie mit den guten Engeln anstelle von Gott ausüben, so als ob sie vom höchsten Gott herabsteigen würden: das war die Magie der *Baalim*.

Eine andere Magie ist diejenige, die ihre Handlungen mit dem Haupt der bösen Geister ausübt; solche waren es, die von den kleinen Göttern der Heiden gewirkt wurden.

Die fünfte Einteilung ist, dass einige offen und von Angesicht zu Angesicht mit den Geistern handeln, was nur Wenigen gegeben ist; andere wirken durch Träume und andere Zeichen, was die Alten aus ihren Weissagungen und Opfern entnahmen.

Die sechste Abteilung ist, dass einige von unsterblichen Geschöpfen, andere von sterblichen Geschöpfen, wie Nymphen, Satyrn und solchen Bewohnern anderer Elemente, Ferkeln &c. wirken.

Die siebente Abteilung ist, dass die Geister einigen aus eigenem Antrieb, ohne Kunst, dienen; anderen werden sie kaum dienen, wenn sie durch Kunst gerufen werden.

Unter diesen Arten der Magie ist diejenige die vorzüglichste, die allein von Gott abhängt. Die zweite ist die, der die Geister aus eigenem Willen treu dienen. Die Drittens: das, was den Christen gehört, was von der Macht Christi abhängt, die er im Himmel und auf Erden hat.

Aphor. 39.

Es erfordert eine siebenfache Vorbereitung, um die Magische Kunst zu erlernen.

Die erste ist, Tag und Nacht darüber nachzudenken, wie man zur wahren Erkenntnis Gottes gelangt, sowohl durch sein Wort, das von Grundlegung der Welt an geoffenbart wurde, als auch durch das Siegel der Schöpfung und der Geschöpfe, und durch die wunderbaren Wirkungen, die die sichtbaren und unsichtbaren Geschöpfe Gottes hervorbringen.

Zweitens ist es erforderlich, dass der Mensch in sich selbst hinabsteigt und vor allem sich selbst zu erkennen sucht, welchen sterblichen Teil er in sich hat und welchen unsterblichen, und welcher Teil ihm selbst eigen ist und welcher verschieden.

Drittens, dass er mit seinem unsterblichen Teil lernt, den ewigen Gott zu verehren, zu lieben und zu fürchten und ihn im Geist und in der Wahrheit anzubeten, und mit seinem sterblichen Teil das zu tun, von dem er weiß, dass es Gott wohlgefällig und für seine Nächsten nützlich ist.

Dies sind die drei ersten und wichtigsten Regeln der Magie, mit denen sich jeder vorbereiten soll, der die wahre Magie oder göttliche Weisheit zu erlangen wünscht, damit er ihrer würdig ist und einer, dem die engelhaften Geschöpfe bereitwillig dienen, nicht nur im Verborgenen, sondern auch offenkundig und gleichsam von Angesicht zu Angesicht.

Viertens: Jeder Mensch soll darauf achten, zu welcher Art von Leben er von seiner Mutter gerufen wird, damit jeder weiß, ob er zur Magie geboren ist und zu welcher Art von Magie, was jeder leicht erkennen kann, der diese Dinge liest und durch Erfahrung Erfolg darin hat; denn solche Dinge und solche Gaben werden nicht nur den Niedrigen und Demütigen gegeben.

An fünfter Stelle sollen wir darauf achten, dass wir verstehen, wann die Geister uns helfen, wenn wir das größte Geschäft unternehmen; und wer das versteht, der wird offenbar zu einem Magier der Ordination Gottes gemacht werden, d.h. zu einem solchen, der den Dienst der Geister benutzt, um ausgezeichnete Dinge zu bewirken. Hier sündigen sie, wie die meisten, entweder durch Nachlässigkeit, Unwissenheit oder Verachtung oder durch zu viel Aberglauben; sie verletzen auch durch Undankbarkeit gegenüber Gott, wodurch viele berühmte Männer nachher das Verderben auf sich gezogen haben; sie sündigen auch durch Unbesonnenheit und Eigensinn; und auch wenn sie ihre Gaben nicht zu der Ehre von Gott verwenden, die verlangt wird und ziehen [hebräisch] vor.

Sechstens: Der Magier [sic] bedarf des Glaubens und der Verschwiegenheit, besonders, dass er kein Geheimnis offenbare, das ihm der Geist verboten hat, wie er *Daniel* geboten hat, manches zu versiegeln, d.h. nicht öffentlich zu verkünden; so wie es dem *Paulus* nicht erlaubt war, öffentlich von allem zu reden, was er in einer Vision sah. Kein Mensch wird glauben, wie viel in dieser einen Vorschrift enthalten ist.

Siebtens: Von dem, der ein Zauberer sein will, wird die größte Gerechtigkeit verlangt, dass er nichts unternimmt, was gottlos, böse oder ungerecht ist, und es auch nicht einmal in seinen Sinn kommen lässt; so wird er göttlich vor allem Übel bewahrt.

Aphor. 40.

Wenn der Magier mit sich selbst beschließt, irgendeine unkörperliche Sache zu tun, sei es mit einem äußeren oder inneren Sinn, dann soll er sich nach diesen sieben folgenden Gesetzen richten, um sein magisches Ziel zu erreichen.

Das erste Gesetz ist dieses: Er soll wissen, dass ein solcher Geist ihm von Gott verliehen ist, und er soll bedenken, dass Gott der Beobachter all seiner Gedanken und Handlungen ist; deshalb soll er sein ganzes Leben nach der im Wort Gottes vorgeschriebenen Regel ausrichten.

Zweitens: Jederzeit bete mit *David: Nimm deinen heiligen Geist nicht von mir und stärke mich mit deinem freien Geist und führe uns nicht in Versuchung, sondern erlöse uns vom Bösen: Ich bitte dich, himmlischer Vater, gib keinem lügnerischen Geist Macht, wie du über* Ahab *getan hast, dass er umkam, sondern erhalte mich in deiner Wahrheit. Amen.*

Drittens: Er soll sich anmaßen, die Geister zu prüfen, wie die Schrift mahnt; denn Trauben kann man nicht von Dornen pflücken: Lasst uns alles prüfen und das Gute und Löbliche festhalten, damit wir alles meiden, was der göttlichen Macht widerspricht.

Das vierte ist, fern und klarer zu sein von jeder Art von Aberglauben; denn das ist Aberglaube, die Göttlichkeit in dieser Weise zuzuschreiben oder uns selbst dazu zu entschließen, Gott mit einer Art von Anbetung zu verehren, die er nicht befohlen hat: das sind die magischen Zeremonien des Satans, mit denen er sich frech anbietet, als Gott verehrt zu werden.

Das fünfte, was zu meiden ist, ist jede Anbetung von Götzen, die irgendeine göttliche Macht an Götzen oder andere Dinge aus ihrer eigenen Bewegung bindet, wo sie nicht vom Schöpfer oder von der Ordnung der Natur platziert sind: was viele falsche und böse Magier tun.

Sechstens: Auch alle trügerischen Nachahmungen und Neigungen des Teufels sind zu meiden, womit er die Kraft Schöpfung und des Schöpfers nachahmt, dass er die Dinge mit einem Wort so macht, dass sie nicht sind, was sie sind. Das gehört allein der Allmacht Gottes an und ist der Kreatur nicht mitteilbar.

Siebtens: Lasst uns an den Gaben Gottes und seines Heiligen Geistes festhalten, damit wir sie erkennen und sie mit ganzem Herzen und all unserer Kraft fleißig ergreifen.

Aphor. 41.

Wir kommen nun zu den neun letzten Aphorismen dieses ganzen Bandes, womit wir, die göttliche Gnade helfend, diese ganze magische *Isagoge* abschließen werden.

Deshalb ist zunächst einmal zu beachten, was wir in dieser Arbeit unter Magiern verstehen.

Ihn also halten wir für einen Magier, dem durch die Gnade Gottes die geistigen Wesenheiten dazu dienen, das Wissen des ganzen Universums und der darin enthaltenen Geheimnisse der Natur zu offenbaren, ob sie nun sichtbar oder unsichtbar sind. Diese Beschreibung eines Magiers ist klar ersichtlich und allgemein gültig.

Ein böser Zauberer ist der, dem die bösen Geister mit göttlicher Erlaubnis dienen, zu seinem zeitlichen und ewigen

Verderben und Verderben, um die Menschen zu verführen und von Gott abzubringen; ein solcher war *Simon Magus,* von dem in der *Apostelgeschichte* und bei *Clemens* die Rede ist; dem der heilige *Petrus* befahl, auf die Erde hinabgeworfen zu werden, während er selbst, gleichsam als Gott, befohlen hatte, von den unreinen Geistern in die Luft erhoben zu werden.

Zu dieser Ordnung gehören auch alle, die in den beiden Tafeln des Gesetzes aufgeführt sind und mit bösen Taten aufgeführt werden.

Die Unterteilungen und Arten der beiden Arten von Magie werden wir in den folgenden Bänden beschreiben. An dieser Stelle soll es genügen, dass wir die Wissenschaften unterscheiden, welche gut und welche böse ist: Der Mensch suchte anfangs beides zu erlangen, zu seinem eigenen Verderben und Untergang, wie *Moses* und *Hermes* zeigen.

Aphor. 42.

Zweitens sollen wir wissen, dass ein Magier ein Mensch ist, der vom Mutterleib an zu diesem Werk vorherbestimmt ist; er soll sich auch nichts so Großes anmaßen, es sei denn, dass er durch die Gnade göttlich dazu berufen ist, zu einem guten Zweck; zu schlechten Zweck ist, dass die Schrift erfüllt werde: *Es muss sein, dass Ärgernisse kommen; aber wehe dem Menschen, durch den sie kommen.* Darum, wie wir schon oft ermahnt haben: Mit Furcht und Zittern müssen wir in dieser Welt leben.

Dennoch will ich NICHT leugnen, dass manche Menschen durch Studium und Fleiß beide Arten von Magie erlangen können, wenn sie dazu ermächtigt werden. Aber er soll nie nach den höchsten Arten streben; wenn er aber dennoch begehrt, sie zu besitzen, wird er zweifellos sowohl an Seele als auch an Leib kränken. Solche sind es, die durch die Handlungen falscher Zauberer zuweilen auf den Berg *Horch* oder in irgendeine Wüste geführt werden, oder sie werden an irgendeinem Glied verstümmelt oder einfach zerrissen oder ihres Verstandes beraubt, wie auch viele derartige Dinge durch ihren Gebrauch geschehen, wo Menschen von Gott verlassen und der Macht des Satans ausgeliefert werden.

Das siebte Septenar.

Aphor. 43.

Der Herr lebt, und die Werke Gottes leben in ihm nach seinem Willen; denn er will, dass sie ihre Freiheit im Gehorsam oder im Ungehorsam gegen seine Gebote gebrauchen. Den Gehorsamen hat er ihre Belohnung in Aussicht gestellt, den Ungehorsamen ihre verdiente Strafe. Deshalb haben sich diese Geister in ihrem freien Willen durch ihren Stolz und ihre Verachtung des Sohnes Gottes von Gott, ihrem Schöpfer, abgewandt und sind dem Tag des Zorns vorbehalten; und es ist ihnen eine sehr große Macht in der Schöpfung geblieben; aber dennoch ist sie begrenzt, und sie sind mit dem Zaumzeug Gottes in ihre Schranken verwiesen. Daher wird der Magier Gottes, der einen weisen Mann Gottes oder einen von Gott Gelehrten bezeichnet, von der Hand Gottes zu allem ewigen Gut geführt, sowohl zu den niederen Dingen als auch zu den höchsten körperlichen Dingen.

Groß ist die Macht Satans wegen der großen Sünden der Menschen. Darum tun auch die Magier des Satans große Dinge, und größer, als ein Mensch glauben würde: obgleich sie in ihren eigenen Grenzen bestehen, so sind sie doch über alles menschliche Verständnis, was die körperlichen und vergänglichen Dinge dieses Lebens betrifft; was viele alte Geschichten und tägliche Beispiele bezeugen. Beide Arten von Magie sind verschieden in ihren Zielen: die eine führt zum ewigen Gut und nutzt die zeitlichen Dinge mit Dankbarkeit; die andere ist ein wenig sorglos in Bezug auf die ewigen Dinge, aber übt sich ganz in den körperlichen Dingen, damit sie alle ihre Lüste und Genüsse frei genießen kann, ohne auf Gott und seinen Zorn zu achten.

Aphor. 44.

Der Übergang vom gewöhnlichen Leben eines Menschen zu einem magischen Leben ist nichts anderes als ein Erwachen aus einem Leben im Schlaf; denn die Dinge, die unwissenden und unklugen Menschen in ihrem gewöhnlichen Leben widerfahren, geschehen umso mehr einem wollenden und wissenden Magier..

Der Magier versteht, wenn der Verstand sich selbst nachdenkt; er überlegt, forscht, begründet und bestimmt, was zu tun ist; er beobachtet, wenn seine Überlegungen von einem göttlichen getrennten Wesen ausgehen, und er beweist, von welcher Ordnung dieses göttliche getrennte Wesen ist.

Aber der Mensch, der die Magie nicht kennt, wird gleichsam im Krieg mit seinen Neigungen hin- und hergetragen; er weiß nicht, wann sie aus seinem eigenen Geist hervorgehen oder vom helfenden Wesen eingeprägt werden; und er weiß nicht, wie er die Ränke seiner Feinde durch das Wort Gottes umstoßen oder sich vor den Schlingen und Täuschungen des Versuchers bewahren kann.

Aphor. 45.

Das größte Gebot der Magie ist, zu wissen, was jeder Mensch vom helfenden Geist zu seinem Nutzen empfangen und was er ablehnen soll; das kann er von dem Psalmisten lernen, der sagt: *"Womit soll ein junger Mensch seinen Weg reinigen, indem er dein Wort hält, oh Herr?* Das Wort Gottes zu bewahren, damit der Böse es nicht aus dem Herzen reißt, ist das oberste Gebot der Weisheit. Es ist erlaubt, andere Anregungen zuzulassen und auszuüben, die der Ehre Gottes und der Nächstenliebe nicht zuwiderlaufen, ohne danach zu fragen, aus welchem Geist solche Anregungen kommen: Aber wir sollen uns hüten, dass wir uns nicht zu sehr mit unnötigen Dingen beschäftigen, wie Christus uns ermahnt: *Martha, Martha, du bist um vieles besorgt; Maria aber hat das bessere Teil erwählt, das nicht von ihr genommen werden soll.* Darum lasset uns allezeit achten auf das Wort Christi: *Trachtet zuerst nach dem Reich Gottes und nach seiner Gerechtigkeit, so wird euch dies alles zugerechnet werden.* Alles andere, d.h. alles, was dem sterblichen Mikrokosmos zusteht, wie Nahrung, Kleidung und die notwendigen Künste dieses Lebens.

Aphor. 46.

Es gibt nichts, was einen Menschen so sehr auszeichnet, wie Beständigkeit in seinen Worten und Taten, und wenn der Gleiche sich an seinem Gleichen erfreut; es gibt niemanden, der glücklicher ist als solche, denn die heiligen Engel sind mit solchen vertraut und haben die Aufsicht über sie; im Gegenteil, Menschen, die unbeständig sind, sind leichter als nichts und verrottete Blätter. Von diesen wählen wir den 46 Aphorismen. Wie ein jeder sich selbst regiert, so auch er Geister seiner Art und seines Standes zu sich heranzieht; aber man rät sehr wahrhaftig, dass niemand sich über seine eigene Berufung hinwegsetzt, damit er nicht irgendeinen bösartigen Geist aus dem äußersten Teil der Erde zu sich heranzieht, durch den er entweder betört und verführt oder ins endgültige Verderben gebracht wird. Dieses Gebot zeigt sich am deutlichsten; denn *Midas*, als er alles in Gold verwandeln wollte, zog einen solchen Geist an sich heran, der das vermochte; und da er von ihm verführt wurde, wäre er durch eine Hungersnot zu Tode gekommen, wenn seine Torheit nicht durch die Barmherzigkeit Gottes korrigiert worden wäre. Dasselbe geschah zu unserer Zeit einer gewissen Frau bei *Franckford* an der *Odera*, die von allem etwas zusammenkratzen und verschlingen wollte. Würden die Menschen dieses Gebot sorgfältig abwägen und die Geschichten von *Midas* und dergleichen nicht für Fabeln halten, so wären sie viel eifriger darin, ihre Gedanken und Neigungen zu mäßigen, und würden sich nicht so ständig mit den Geistern der goldenen Berge von *Utopia* herumärgern. Darum sollen wir am meisten darauf achten, dass solche Anmaßungen durch das Wort aus dem Verstand vertrieben werden, solange sie neu sind; sie sollen auch nicht in dem müßigen Verstand, der leer vom göttlichen Wort ist, eine Gewohnheit haben.

Aphor. 47.

Wer treu in seiner Berufung ist, wird auch die Geister als ständige Begleiter seiner Wünsche haben, die ihn nach und nach in allen Dingen versorgen werden. Hat er aber Kenntnisse in der Zauberei, so werden sie nicht abgeneigt sein, sie ihm zu zeigen und sich mit ihm vertraut zu unterhalten und ihm in den verschiedenen Diensten zu dienen, denen sie zugetan sind; die guten Geister in guten Dingen zur Erlösung, die bösen Geister in allen bösen Dingen zur Zerstörung. An Beispielen mangelt es nicht in den Geschichten der ganzen Welt, und sie ereignen sich täglich in der Welt. *Theodosius* vor dem Sieg über *Arbogastus* ist ein Beispiel für die guten; *Brute* vor seiner Ermordung war ein Beispiel für die bösen Geister, als er vom Geist *Cäsars* verfolgt und der Strafe ausgesetzt wurde, dass er sich selbst erschlug, der seinen eigenen Vater und den Vater seines Landes erschlagen hatte.

Aphor. 48.

Alle Magie ist eine Offenbarung von Geistern jener Art, der die Magie ist; so werden die neun Musen bei *Hesiod* die neunte Magie genannt, wie er in der *Theogonie* offensichtlich von sich selbst bezeugt. Bei *Homer,* der Genius des *Odysseus* in der *Psigiogagia.*

Hermes, die Geister der erhabeneren Teile des Geistes. Gott offenbarte sich *Moses* im Dornbusch. Die drei Weisen, die nach *Jerusalem* kamen, um Christus zu suchen, wurden vom Engel des Herrn angeführt. Die Engel des Herrn leiteten *Daniel.* Darum gibt es nichts, dessen sich jemand rühmen könnte; *denn es ist nicht für den, der will, noch für den, der läuft, sondern für den, dem Gott Gnade erweisen will,* oder für ein anderes geistiges Schicksal. Von daher entspringt alle Magie, und dorthin wird sie sich wieder drehen, ob sie gut oder böse ist. Auf diese Weise sprudelte *Tages*, der erste Lehrer der Magie der Römer, aus der Erde hervor. *Diana* der Epheser brachte ihre Verehrung zum Ausdruck, als wäre sie vom Himmel gesandt worden. So auch *Apollo.* Und die ganze Religion der Heiden ist von denselben Geistern genommen; auch die Ansichten der Sadduzäer sind keine menschlichen Erfindungen.

Aphor. 49.

Die SCHLUSSFOLGERUNG dieser ISAGOGE ist daher dieselbe, von der oben bereits gesprochen wurde, nämlich, dass es EINEN GOTT gibt, von dem alles Gute kommt, und EINE SÜNDE, nämlich den Ungehorsam gegen den Willen des gebietenden GOTTES, von der alles Böse kommt; so dass die FURCHT VOR GOTT DER ANFANG ALLER WEISHEIT und der Nutzen aller Magie ist; denn der Furcht vor Gott folgt der Gehorsam gegenüber dem Willen Gottes; und auf diese folgen die GEGENWART GOTTES & DES HEILIGEN GEISTES und das Wirken der Heiligen Engel und alle guten Dinge aus den unerschöpflichen Schätzen Gottes.

Wo wir die Gottesfurcht aus unserem Herzen verlieren und die Sünde in uns herrschen lassen, da fängt der Fürst dieser Welt, der Gott dieser Welt an und richtet sein Reich auf anstelle der heiligen Dinge, die er für sein Reich nützlich findet; Dort, wie die Spinne die Fliege fängt, die in ihr Netz fällt, so breitet der Satan seine Netze aus und fängt die Menschen mit den Schlingen der Begierde, bis er sie aussaugt und ins ewige Feuer zieht: Diese hegt und fördert er in der Höhe, auf dass ihr Fall umso größer sei.

Geneigter Leser, öffne Deine Augen und Deinen Geist für die heiligen und profanen Geschichten, die sich in der Welt ab spielen und du wirst erkennen, dass ALLE DINGE VOLLER MAGIE sind und zwei Wissenschaften folgen, DEM GUTEN & DEM BÖSEN. Damit sie besser erkannt werden können, haben wir zum Abschluss dieser Isagoge ihre Einteilung und Unterteilung angeben; mit ihrer Hilfe kann jeder darüber nachdenken, was zu befolgen und was zu vermeiden ist & inwieweit er daran arbeiten muss, ein angemessenes Lebensziel zu erreichen.

Wissenschaften			
	Gut	Theosophie	• Die Kenntnis des Wortes Gottes und die Gestaltung des eigenen Lebens nach dem das Wort Gottes. • Kenntnis der Regierung Gottes durch die Engel, die die Schrift Wächter nennt, und das Geheimnis der Engel zu verstehen.
		Anthrosophie für den Menschen	• Wissen über natürliche Dinge. • Weisheit in humanen Dingen.
	Böse	Kakosophie	• Verachtung des Wortes Gottes und Leben nach dem Willen des Teufels. • Unkenntnis der Regierung von Gott bei den Engeln • Die Vormundschaft der Engel und die Tatsache, dass ihre Gefährten vom Teufel sind, zu bestreiten. • der Engel und die Tatsache, dass ihre Gefährten vom Teufel sind, zu bestreiten. • Götzendienst. • Atheismus.
		Cacoc. monie	• Das Wissen über Gifte in der Natur und deren Anwendung. • Weisheit in allen bösen Künsten, zum Verderben der Menschen, und um sie zu gebrauchen in Verachtung Gottes und zum Schaden und Verderben der Menschen.

FINIS.

(Ende des integralen Textes des Arbatel der Magie)

Arbatel Korrespondenz Tabelle

Je mehr Entsprechungen sie in ihrem Ritual zusammenbringen, desto kraftvoller wird es sein. Doch je tugendhafter sie werden, desto effizienter werden die Vorgänge und desto greifbarer die Manifestationen. Sie könnten keine Entsprechungen zu irgendeinem anderen Attribut als der spezifischen Tugend in ihrem Herzen und ihrem Geist haben, und die Operation wäre effizienter, als wenn sie alle Entsprechungen ohne die erworbene Tugend hätten. Nichtsdestotrotz werden sie die mächtigsten Ergebnisse erzielen, wenn sie sich selbst, ihren Verstand und ihr Herz entwickeln und so viele Entsprechungen wie möglich miteinander verbinden.

- Führen sie das Ritual an dem vorgeschlagenen Tag durch

- Gravieren sie das Symbol an der Basis einer Kerze in der entsprechenden Farbe

- entsprechend der Korrespondenz eine Anzahl von Kerzen bereit haben

- Rufen sie den Namen des Geistes entsprechend oft an

- Bitten sie Gott mit seinem Namen um eine bestimmte Manifestation

- Im Namen des entsprechenden Erzengels anrufen

- Eine bestimmte Anzahl von tiefen und langen, kräftigen Atemzügen machen

- Visualisieren sie das genaue Symbol mit Willenskraft
- Sprechen sie kräftig und laut, mit Entschlossenheit
- Entwickeln sie ihre geistigen Tugenden
- Drehen sie sich in die vorgeschlagene Richtung

Geist	**Phul**	**Phaleg**	**Ophiel**	**Bethor**
Abteilung	Leben, Energie, Sensibilität, Fruchtbarkeit.	Stärke, Krieg, Recht, Gesundheit anwenden.	Wissen, Übersinnliches Fähigkeiten, Verständnis.	Frieden, definieren Gerechtigkeit, Autorität.
Gottesname	Schadaï El-Haï	Elohim Gibor	Elohim Tzebaoth	EL
Erzengel	Gabriel	Kamael	Raphael	Tzadkiel
Tag	Montag	Dienstag	Mittwoch	Donnerstag
Farbe, primär und sekundär	Violett und blau	Rot	Orange und Gelb	Blau und Violett
Nummer	9	5	8	4
Richtung	West	Süd	Ost	Ost
Tugend	Hoffnung	Stärke	Prudence	Justiz
Zu besiegende Sünde	Geiz	Wut	Faulheit	Neid

Geist	**Hagith**	**Aratron**	**Och**
Abteilung	Liebe, Kreativität, Sinnlichkeit, Sexualität.	Tod, Lektionen des Lebens, Religion, Transformation.	Erfolg, Macht, Reichtum, Gesundheit.
Gottesname	Jod-He-Vav-He Tzebaoth	Jod-He-Vav-He	Eloha Ve-Daath
Erzengel	Haniel	Tzaphkiel	Michael
Tag	Freitag	Samstag	Sonntag
Farbe, primär und sekundär	Grün	Indigo und Schwarz	Gold/Gelb und orange
Nummer	7	3	6
Richtung	West	Norden	Süd
Tugend	Wohltätigkeit	Mäßigung	Glaube
Zu besiegende Sünde	Luxus	Völlerei	Stolz

Wenn sie das Symbol visualisieren, sehen sie es klar vor sich, mit einem entschlossenen Geist, Willenskraft, Selbstvertrauen, Glauben und Integrität. Sehen sie es in der Primärfarbe leuchten und in einer unendlichen Umgebung mit der Sekundärfarbe schweben. Strengen sie sich mit ihrem Geist nicht so an, als ob sie körperlich versuchen würden, ihren inneren Druck zu erhöhen. Entspannen sie sich körperlich und üben sie sich darin, ihre Entschlossenheit von innen heraus zu entwickeln, auf einer emotionalen Ebene mit dem Wunsch, auf der Ebene der Willenskraft mit Selbstverständlichkeit und auf der mentalen Ebene mit Bewusstsein und Selbstvertrauen.

Die Richtung der Operation ist eine zusätzliche Korrespondenz, die jedoch nicht notwendig ist, vor allem, wenn es bedeutet, dass sie ihren gesamten Altaraufbau verschieben müssten, so sie einen haben. Diejenigen von Ihnen, die das Ritual mit einem Minimum an Aufwand ausüben wollen, können ihn leicht in die richtige Ausrichtung drehen, aber dieser Faktor sollte sie nicht weiter stören. Auch der empfohlene Tag stellt eine Verstärkung der Korrespondenz dar, aber denken sie daran, dass Gott alles und das Universum zu allen Zeiten lebendig ist und alle Olympischen Geister angerufen werden können, wann immer sie wollen.

Olympische Symbole und Namen

Die Symbole werden immer effizienter, wenn sie so nah wie möglich mit der mathematischen Perfektion gezeichnet werden, auf der sie basieren. Die im übersetzten Text verfügbaren Symbole sind genau, wurden aber vor vielen hundert Jahren von Hand angefertigt. Hier werden die sieben Symbole der Olympischen Geister mit geraden Linien und genauen Proportionen neu gezeichnet.

Die Symbole sind jeweils mit einem Kommentar zu dem Symbol versehen, ein Konzept, über das man meditieren kann, wenn man mehr von der Wissenschaft der Kabbala beherrscht. Der Zahlenwert ist sehr wichtig für die Kabbalisten, die Beziehungen zwischen Wörtern herstellen, welche den gleichen Zahlenwert haben. sie verwenden auch das Werkzeug des "notarikon", indem sie jede Ziffer addieren, um die Wurzel des Begriffs zu finden.

Jedes Symbol kann auch auf den Baum des Lebens übertragen werden, um dem Konzept des Flusses der schöpferischen Energie im Symbol zu folgen. Eine Menge Wissen wurde im Laufe der Jahrhunderte enthüllt, aber ich werde nicht zu sehr ins Detail gehen, damit sie im kontemplativen Zustand bleiben können, während sie ihre eigene Kommunikation mit den olympischen Geistern aufbauen.

Aratron

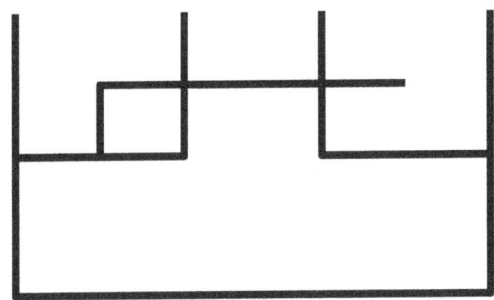

Das linke Gefäß der Binah (Intelligenz) ist von unten mit dem rechten Gefäß der Hochmah (Weisheit-Liebe) verbunden. Die beiden Gefäße sitzen auf der spirituellen Struktur Geburah-Hesed. Und durch eine direkte Verbindung fließt das Licht von Binah zurück in den absoluten subtilen kosmischen Prozess und gibt seine Tugenden an Aratron: Transmutation, Unsichtbar werden, Bestat-tungsaspekte... Und während der Fluss zu Binah zurückkehrt, wird er direkt in seinem Gefäß verankert und gibt seine anderen Tugenden: er macht das Unfruchtbare fruchtbar, erdet Eigenschaften, gibt Kräfte, verlängert das Leben...

Aratron
Hebräisch: (Aleph - Resh - Aleph - Thet - Resh - Vav - Nomen)
Sein numerischer Wert (mit einem abschließenden Substantiv) ist 1117. Das Notarikon von 1117 ist 10 (1 + 1 + 1 + 7 = 10), was auf die Beziehung zu den irdischen Aspekten von Malkut (Königreich) hinweist. Da die 1 die Einheit des ursprünglichen Bewusstseins und die 7 das Konzept der spirituellen Kraft ist, ergeben diese vier Ziffern, die mit den vier menschlichen Ebenen verbunden sind, die

10:

1- Die Einheit des Geistes,

1- Einheit der Gefühle,

1- Einheit des Willens,

7- manifestierte spirituelle Kraft.

Der fortgeschrittene Kabbalist wird die gleiche Beziehung zu den vier Ebenen der Schöpfung herstellen.

Bethor

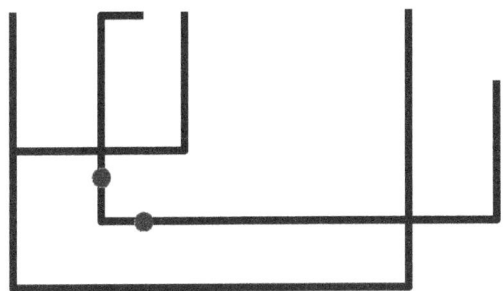

Das linke Gefäß von Binah, das wieder auf der Geburah-Hesed-Struktur sitzt, ergießt sich wie ein Springbrunnen von Hesed (Misericord) nach oben in Hochmah (Weisheitsliebe). Diese Bewegung wird durch eine zweite Verbindung bestätigt, die das Licht direkt in das Gefäß von Binah führt, das wie ein Schild nach innen gewinkelt ist, und den Fluss wieder in Hesed und nach oben zu Hochmah wie ein Schwert fließen lässt. Dies ist das Ergebnis der Gerechtigkeitsaspekte des Jupiter. Die beiden Glieder auf der rechten Seite heben Jupiter in Richtung Weisheit, die für Würde steht, und sie lösen sich in Weisheit auf, was die Verbindung mit dem Luftaspekt herstellt.

Bethor
Hebräisch: (Beith - Thav - Vav - Resh)
Sein Wert ist 608. Das Notarikon ist 5 (6+ 0+ 8= 14, 1+ 4= 5) und steht in Verbindung mit der Gerechtigkeit von Geburah-Hesed.

Phaleg

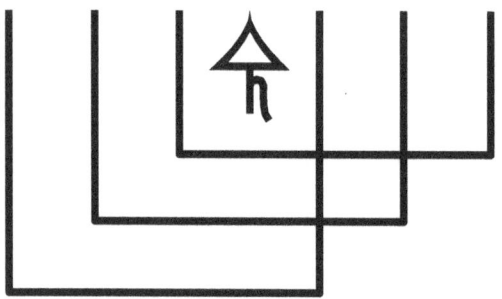

Das mit einem Dreieck versehene Symbol des Saturn zeigt an, dass die Quelle die höhere Dreifaltigkeit ist, die durch Binah hindurchgeht und ihre Kraft in Geburah (Stärke) gießt. Geburah wirkt dann auf dreifache Weise, da die Quelle dreifach war, und wirkt auf der kosmischen, schöpferischen und formenden Ebene.

Phaleg
Hebräisch: (Phe - Lamed - Ghimel)
Der Wert ist 113, in Verbindung mit einem Strom (Peleg). Das Notarikon ist 5 (1+ 1+ 3= 5), was wiederum mit der Gerechtigkeit von Geburah-Hesed und dem Kraftaspekt von Geburah zusammenhängt.

Och

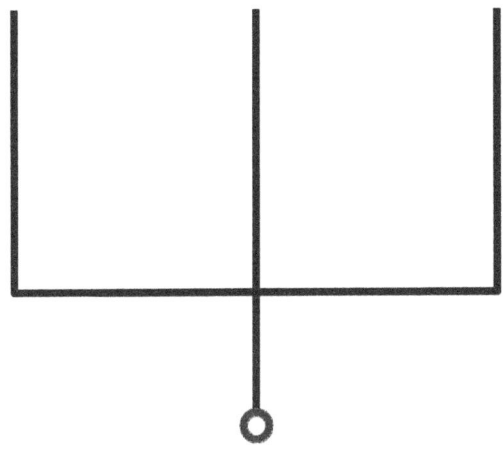

Das Licht der drei Säulen ergießt sich in die Sonne von Tiphereth. Binah und Hochmah sind miteinander verbunden und sitzen wieder auf der Geburah-Hesed-Struktur. Och erhält seine Tugenden von der höchsten Dreifaltigkeit, wodurch das Königtum und alle seine solaren Eigenschaften entstehen.

Och
Hebräisch: (Vav - Heth)
Sein Wert ist 14, der gleiche Wert wie das hebräische Wort für "Gold" (zahav), das Metall der Sonne, und das Wort für "Hand" (yad), das ein Symbol für Herrschaftsmacht ist. Wiederum ein Notarikon von 5 (1+ 4= 5), das eine Verbindung zur Geburah-Hesed-Struktur herstellt.

Hagith

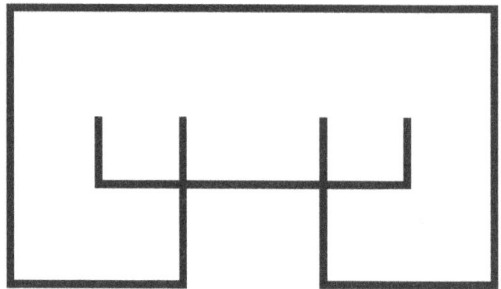

Man sagt, dass in der Sephirah Netzah alle anderen Sephiroth zu finden sind. Das innere Gefäß empfängt diese Netzah, in der alles zu finden ist. Wir können sehen, dass sich das Licht von Netzah herab ergießt, um alle anderen Sphären kreist und zurück in Netzah geht. Die äußere Linie umschließt die Schöpfung, und die Schöpfung wird durch die vier Enden jeder Linie symbolisiert, die den 4000 Legionen von Hagith zugeschrieben werden. In einer anderen Perspektive, in der das Symbol über den Baum des Lebens gelegt wird, erscheint das Gefäß direkt unter Tiphereth und empfängt dessen herrliches Licht, während die äußere Linie sich mit Hod, Geburah, Hesed und Netzath verbindet und zum inneren Gefäß zurückkehrt.

Hagith

Hebräisch: (He - Ghimel - Yod - Thav)

Er hat den Wert 418, den gleichen Wert wie der geheimnisvolle Name Gottes

"ABRAHADABRA", ein wichtiges Geheimnis der Kabbala. Sein Notarikon ist 13 (4 + 1 + 8 = 13) ist die Zahl des hebräischen Wortes für Liebe (ahavah), auch die Zahl des hebräischen Wortes für Einheit (Achad), und 4 (1+ 3= 4) verweist auf die wichtige Verbindung von Hagith mit den 4 Elementen der Natur und seinen 4000 Legionen.

Ophiel

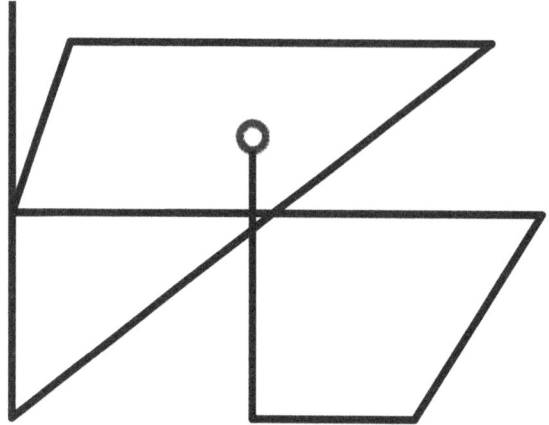

Dieses Symbol ist das komplizierteste, und das gilt auch für die Verbindung, die es mit der Sephirot-Bewegung hat. Der kleine Kreis in der Mitte ist die Sonne, die im Tiphereth steht, also beginnt es mit Weisheit, die erleuchtet. Der Fluss geht hinunter zur Sephira Yesod, um greifbarer, zugänglicher zu werden. Er wendet sich nach rechts, um wieder in die Naturgesetze von Netzah hinaufzusteigen, wo er schöpferisch wird, dann ganz nach links zu Hod, um intellektuell begreifbar zu werden. Wonach es sich zur Basis erhebt von Geburah, um die Kraft der Bewegung zu erfassen, und nach rechts zu Hesed, um die Wissenschaft der Kräfte zu erlangen. Nachdem er mit all diesen Sephoths in Kontakt getreten ist, geht er zurück nach unten und nach links, zur Basis der linken Säule der

Strenge, um das Verständnis zu den Himmeln zu erheben und schließlich in der Kontemplation seiner Bewegung zu enden.

Ophiel

Hebräisch: (Aleph - Vav - Phe - Yod - Aleph - Lamed)

Sein Wert ist 128. Sein Notakiron ist 11 (1+ 2+ 8= 11), was die ersten Bewegungen des Bewusstseins in der kosmischen Bewegung darstellt. Nicht so klar, natürlich, einfach kontemplieren, um mehr herauszufinden.

Phul

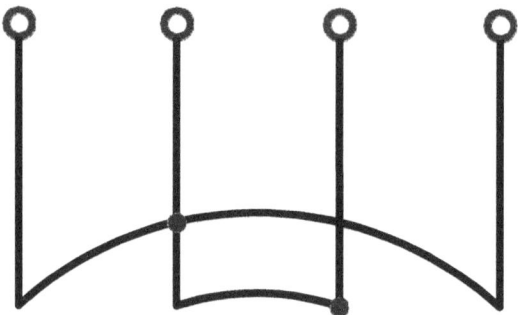

Wir können die Sonne viermal sehen, eine für jede Schöpfungsebene, die auf den großen Bogen des Mondes herabscheint und so die reflektierenden Aspekte des Lichts auf den unteren Ebenen. Die beiden Sonnen an den Extremen, die mit der größeren Mondsichel verbunden sind, verweisen auf die höchste Ebene des Lichts, das auf den makrokosmischen Spiegel der Schöpfung herabstrahlt. Die beiden inneren Sonnen strahlen auf den kleineren Mondspiegel herab, der dem Menschen näher (niedriger) ist, da er für uns zugänglicher ist. Es ist der mikrokosmische Spiegel, den wir kontemplieren können, um uns Zugang zum höheren Bewusstsein zu verschaffen, da sie miteinander verbunden sind.

Phul
Hebräisch: (Phe - Vav - Lamed)
Sein Wert ist 116, was seine Beziehung zu den wirbelnden Energien zeigt (Galgalim = 116). Sein Notarikon ist 8 (1 + 1 + 6 = 8).

Arbeit mit Elementen

Kontakt zu Elementaren

Die Kontaktaufnahme mit Elementargeistern hat ein Ziel. Wäre es nur eine Sache der Fantasie und des Vergnügens, würden wir in diesem Buch nicht einmal über ihren Nutzen sprechen. Indem man mit einem Wesen in Kontakt ist, kann man die Eigenschaften dieses Wesens in sich selbst erproben. Wir nehmen Kontakt mit Elementargeistern auf, um ihre Tugenden und Qualitäten in unserem Körper zu spüren und sogar die ihnen zugeschriebenen Fehler zu erkennen, damit wir uns unserer eigenen Fehler bewusst werden können. Wir nehmen Kontakt zu Elementargeistern auf, um mit ihnen zu wachsen.

Im Gegensatz zu anderen Arten von Geistern, wie z.B. Engeln, gehorchen die Elementargeister ihnen nicht deshalb, weil sie das Ritual mit guten Methoden und Formeln durchgeführt haben, Sie werden durch das Gesetz der Entsprechung angezogen, wie jede andere Art von Geist, aber sie sind auch frei, wie die Menschen. Ihr freier Wille zwingt uns, uns mit ihnen anzufreunden. sie müssen uns nicht gehorchen, sie gehorchen nur ihrem Programm, und sie gehorchen direkt einem Befehl Gottes.

Es wäre anmaßend vom menschlichen Suchenden, so zu tun, als könne er ihnen einen Befehl geben, ähnlich wie es Gott tun würde, und dabei zu hoffen, dass man ihm gehorcht. Das würde sie nur wütend machen, sie würden einen Fluch über sie verhängen und ihnen nicht die Hilfe geben, um die sie gebeten haben. Wenn ein wahrer Okkultist von seinem göttlichen Geist erleuchtet wird, kann er von den Elementaren als die Inkarnation von Gott anerkannt werden. Bis dahin sollten sie demütig sein und den Elementargeistern mit Dankbarkeit und Respekt begegnen.

Wenn sie mit einem Elementargeist in Kontakt kommen, müssen sie ihn ihr Herz, ihre wahren Absichten und ihr wahres Selbst sehen lassen. Sie werden sie spüren und ihnen ihre Freundschaft auf der Ebene anbieten, auf der sie ihre Tugenden und Qualitäten entwickelt haben. Um die Freundschaft eines Wasserelementars zu gewinnen, müssen sie flexibel in ihren Entscheidungen sein und nicht zu Paranoia neigen. Um einen Wind-Elementar anzuziehen, müssen sie einen schnellen Verstand haben und ehrlich sein. Jeder Elementargeist wird von einer Tugend angezogen und von einem Laster beleidigt.

Wenn sie kontaktiert werden, können sie Auskunft über ihre elementaren Funktionen geben und ihnen bei ihrem Transformationsprozess helfen. Ein fortgeschrittener Ritualist kann seine Bitten präziser formulieren, aber sie müssen bedenken, dass jede gierige Bitte den Elementargeist beleidigen wird. Wenn sie ein gutes Herz haben, können sie so gut wie alles erbitten, wenn sie sich an den Geist wenden, der die Bitte erfüllen kann.

In den nächsten Artikeln werden sie jede Art von Ritual lernen, um jede Art von Elementargeistern anzuziehen und sich mit ihnen anzufreunden. Für den Moment hier die grundlegenden Aspekte ihrer Persönlichkeit, an denen sie arbeiten sollten, bevor sie daran denken, einen Elementargeist anzurufen.

Erdelementare werden von Ausdauer und Geduld angezogen. Gier und Eile sind ihnen zuwider.

Wasserelementare fühlen sich von Flexibilität, Fluidität und Fantasie angezogen. sie fühlen sich von Illusionen, Paranoia und falscher Fantasie angegriffen.

Wind-Elementare werden von Schnelligkeit, Freude und Ehrlichkeit angezogen. sie werden von Lügen, Unordnung und Traurigkeit abgestoßen.

Feuerelementare werden von Kraft, Bewegung und Entschlossenheit angezogen. Wut, Hass und Faulheit sind ihnen zuwider. Es wird dringend empfohlen, keinen Feuerelementar zu beschwören, solange man nicht in der Lage ist, seine Wut in den schwierigsten Situationen zu zügeln.

Ritual der Beschwörung

Um einen Elementargeist zu beschwören, müssen sie die Tugend entwickelt haben, zu der er sich hingezogen fühlt, und an der Beseitigung des Lasters arbeiten, die ihn beleidigt. Warten sie nicht, bis sie ein perfekter Mensch sind, bevor sie ihn anrufen, aber seien sie sich zumindest ihrer bewusst und arbeiten sie an sich. Sie können den Elementargeist sogar darum bitten, ihnen zu helfen, eine bestimmte Tugend zu entwickeln und ein bestimmtes Laster loszuwerden. Sie können um Hilfe bitten, ihren Körper zu heilen, ihr Energieniveau zu erhöhen, eine bestimmte übersinnliche Fähigkeit zu entwickeln...

Das Ritual muss an einem Ort stattfinden, an dem sie viel von dem jeweiligen Element finden können. Für das Erdelementar gehen sie in eine Höhle oder auf einen großen Steinhügel, tief in der Natur. Für das Wasserelementar gehen sie in die Nähe eines Flusses, sorgen dafür, dass überall Wasserbehälter um sie herum sind... Für das Windelementar gehen sie dorthin, wo viel Wind weht, oder führen viele Federn mit sich. Für das Feuerelementar sollten sie nicht versuchen, einen Vulkan zu betreten, es sei denn, sie haben einen in ihrem Hinterhof. Ein großes

Feuer reicht aus, im Innern eines Hauses, können auch Kerzen die Aufgabe erfüllen. Auch hier gilt: Beschwören sie keinen Feuerelementar, es sei denn, sie sind eine geistig sehr stabile Person und werden nicht schnell wütend.

Die zu beschwörenden Gegenstände und Namen finden sie auf den folgenden Seiten, wobei jedes Element einzeln behandelt wird. Holen sie alle diese Gegenstände zusammen und stellen sie sie in einem Kreis mit einer guten Ausrichtung auf, so dass sie das Ritual mindestens eine halbe Stunde lang durchführen können. Unterbrechen sie niemals ein Beschwörungsritual. Vergewissern sie sich, dass sie Ruhe haben werden. Wenn sie gezwungen sein sollten, ein Ritual zu beenden, legen sie alles ab, sagen "Ich danke euch allen für eure Anwesenheit, ihr solltet jetzt gehen" und verbeugen sie sich ein wenig. Dies gilt z.B., wenn jemand in den Raum oder an den Ritualplatz kommt. Unterbrechen sie ein Ritual nicht, nur um ans Telefon zu gehen oder weil sie ihre Lieblingsendung nicht verpassen wollen.

Beginnen sie mit einem Gebet zu Gott, indem sie den hebräischen Namen verwenden, der mit der Kunst der Kabbala verbunden ist. Bitten sie Gott, ihr Ritual zu segnen, damit sie ihr Ziel erreichen können. Rufen sie dann den Erzengel an, der für diese Elementarenergie zuständig ist, indem sie mehrmals ihren Namen zeichnen. Versetzen sie sich in einen meditativen Zustand, während sie ihre Augen geöffnet halten, und konzentrieren sie sich geistig auf das Element, das sie beschwören. Während des Rituals wird sich der Elementargeist in ihrem Geist offenbaren, und vielleicht können sie ihn nach einer gewissen Praxis auf der feinstofflichen Ebene sehen.

Sie verbeugen sich dreimal und sagen dabei: "Ich verbeuge mich vor Gott (Name des Gottes), ich verbeuge mich vor dem Erzengel (Name des Erzengels), ich verbeuge mich vor dem König (König des Elements)".

Verbrennen sie dann etwas Räucherwerk, das dem Element zugeordnet ist. Zeichnen sie die Form des Elements mit der entsprechenden Farbe auf ein weißes Papier. Zeichnen sie um die Form herum die zugehörigen astrologischen Zeichen. Zeichnen sie innerhalb der Form die zugehörigen Planetensymbole. Zeichnen sie in die Mitte der Form den Buchstaben des Tetragramms.

Meditieren sie ein paar Minuten lang über die Qualität des Elements und stellen sie sich vor, dass sie von den Farben des Elements umgeben sind. Wenn sie können, halten sie einen Teil eines Tieres in der Hand, das mit dem Element assoziiert ist.

Rufen sie nach einigen tiefen Atemzügen den Namen des Königs des Elements 3-mal, und bitten sie ihn, ihnen einen Elementar zu schicken, der ihm dient. Beispiel: "Ghob, Ghob, Ghob, ich rufe dich an, durch den göttlichen Adonaï ha-Aretz, durch Uriel, hier und jetzt. Ich bitte dich, mir hier und jetzt einen Erd-Elementargeist zu schicken, der sich vor und um mich herum manifestiert, und durch meinen Geist." Bleiben sie in einem wahrnehmenden Zustand. Halten sie ihre Augen offen, aber halten sie auch ihr geistiges Auge in bewusstem Zustand.

Wenn sich ihnen ein Geist nähert, entweder durch ihren Geist oder physisch, grüßen sie ihn und fragen sie nach seinem Namen. Fahren sie mit ihrer Bitte fort, falls sie eine haben. Es wird vorgeschlagen, dass sie die ersten Male einfach um seine Hilfe auf ihrem spirituellen Weg bitten und fragen, ob es irgendetwas gibt, das er/sie ihnen sagen kann, das ihnen auf ihrem Weg helfen wird. Führen sie eine kleine Diskussion, wenn sie möchten, oder singen sie einen spirituellen Gesang mit dem Elementargeist.

Das kann anfangs einige Minuten dauern, aber auch eine Stunde, wenn sie experimentieren. Wenn sie fertig sind, danken sie dem Elementar für seine Anwesenheit. Erinnern sie sich an seinen Namen, wenn sie ihn erfolgreich gehört haben. Bitten sie ihn zu gehen und darum, dass sie ihn ein anderes Mal rufen werden. Verbeugen sie sich dreimal: danken sie dem König des Elements, danken sie dem Erz

engel für seine Hilfe und danken sie Gott für alles.
Meditieren sie eine Zeit lang.

Über Erde

Elementare: Zwerge

König: Ghob

Gottes Name: Adonai ha-Aretz

Quadrisch: Norden

Erzengel: Uriel

Engel: Phorlakh

Engelsordnung: Cherubim

Qualität: Stabilität

Farbe: Gelb, braun, schwarz und rustikal

Komplementärfarbe: Blau

Tetragrammischer Buchstabe: Zweites He

Form: Viereck, Kreuz

Sinn: Berührung

Zeichen: Stier

Magisches Werkzeug: Pentagramm

Fokus: Sinne

Erstellt: Steine
Steine: Dunkle Steine und Steine, die helfen, sich zu erden
Metall: Blei, Silber
Pflanzen Anatomie: Wurzeln
Tiere: Entgräten von Tieren
Musikinstrument: Trommeln
Musikalische Note: "f"
Planeten: Mond, Saturn und Erde
Zeichen: Stier, Jungfrau und Steinbock
Körper: Füße bis zu den Knien, der Körper selbst,
Knochen Finger: Ringfinger
Elementare Geschöpfe: Gnome, Heinzelmännchen, Elfen, Satyrn, Pane, Dryaden, Kobolde, Zwerge, Kobolde, Riesen.
Kräuter: Patchouli, Beifuß, Horehound, Beifuß, Sauerampfer, Eisenkraut, Magnolie, Schachtelhalm, Salz, Wurzeln
Einige Tugenden: Geduld, Baumeister, Stärke, Sparsamkeit, Erwerb, konserviert, praktisch, zuverlässig, stabil, Ausdauer, beschützend
Einige Laster: Gier, Süchte, Besessenheit, Faulheit, Müdigkeit, mangelnde Kontrolle, Vergesslichkeit, Wut, Langsamkeit
Phlegmatisches Temperament: Respektabel, ausdauernd, rücksichtsvoll, entschlossen, fest, ernst, gewissenhaft, konzentriert, nüchtern, pünktlich, vorausschauend, widerstandsfähig, stumpfsinnig, unpünktlich, faul, unzuverlässig.

Über Wasser

König: Nichsa
Elementar: Undinen
Gottes Name: Shaddai El Chai
Quadrisch: West
Erzengel: Gabriel
Engel: Taliahad
Engelsordnung: Throne, Erzengel
Qualität: Kontraktion, magnetisch
Farbe: Weiß, blau
Komplementärfarbe: Schwarz
Tetragrammischer Buchstabe: Erstes Er
Form: Halbmond
Sinn: Geschmack
Zeichen: Skorpion
Magisches Werkzeug: Kelch, Kristallkugel, Spiegel
Fokus: Emotionen
Erstellt: Metalle
Steine: Perle, Kristalle und alle Steine, die mit Wasser assoziiert sind oder die Farbe Blau haben
Metall: Quecksilber, Silber, Gelbmessing

Pflanzenanatomie: Blätter

Tier: Fisch

Musikinstrument: Streichinstrumente

Musikalische Note: "g"

Planeten: Saturn, Merkur, Mond, Neptun

Zeichen: Skorpion, Krebs, Fische

Körper: Knie bis zur Taille, Drüsen, Schweiß und Speichel

Finger: Daumen

Elementarwesen: Meerjungfrauen, Ozenaiden, Nereiden, Limoniaden, Kobolde, Nixen, Potamiden, Undinen

Kräuter: Aloe, Apfel, Melisse, Belladonna, Birke, Pappel, Mohn, Brombeere, Klette, Kampfer, Kamille, Holunder, Kreuzkraut, Rose, Huflattich, Beinwell, Gänseblümchen, Narzisse, Stechapfel, Sandelholz, Schafgarbe, Ulme, Eukalyptus, Fingerhut, Schierling, Hanf, Hibiskus, Jasmin, Eibe, Minze, Thymian, Kava-Kava, Frauenschuh, Zitrone, Myrrhe, Morgenlatte, Passionsblume

Tugenden: Empfänglich, verständnisvoll, empathisch, Mitgefühl, Vitalität, Wachstum, liebevoll, gütig, astralbewusst, weissagend, im Einklang mit den Zyklen, meditativ

Laster: Überemotional, zersetzend, sich auflösend, geheimnisvoll, gleichgültig, ohne Fundament, bodenlos, vergesslich, lüstern, getrübt

Melancholisches Temperament: Rücksichtsvoll, bescheiden, mitfühlend, hingebungsvoll, ernsthaft, fügsam, Inbrunst, Herzlichkeit, um fassend, nachdenklich, ruhig, schnell, anpassungsfähig, vergebend, zärtlich, gleichgültig, deprimiert, apathisch, schüchtern, faul

Über Luft

König: Paralda
Elementare: Sylphen
Gott Name: Elohim Tzaboath
Quadrisch: Osten
Erzengel: Michael
Engel: Chassan
Engelsorden: Herrschaften, Fürstentümer
Qualität: Vernunft
Farbe: Orange, gelb
Komplementärfarbe: Violett
Tetragrammischer Buchstabe: Vav
Form: Kreis, Punkt
Sinnesorgane: Geruchssinn, Gehör
Zeichen: Wassermann
Magische Werkzeuge: Dolch, Weihrauch und Schwert Fokus: Intellekt
Erstellt: Pflanzen
Steine: Schwammig, Bimsstein, alle Steine mit gelblicher Färbung
Metall: Kupfer, Zinn
Pflanzen Anatomie: Blumen
Tiere: Vögel
Musikinstrument: Blasinstrumente
Musikalische Note: "e"
Planeten: Jupiter, Venus und Uranus
Zeichen: Wassermann, Waage und Zwillinge

Körper: Kehle bis Stirn, Ohren, Nase, Haut und alles, was mit dem Atmungssystem zu tun hat.

Finger: Kleiner Finger

Elementarwesen: Fays, Feen, Sylphen, Musen, Dryaden, Kobolde, Hamadryaden, Chamäleons

Kräuter: Mandel, Espe, Benzoe, Zitrone, Klee, Löwenzahn, Augentrost, Hasel, Lavendel, Zitronengras, Maiglöckchen, Muskatblüte, Majoran, Minze, Mistel, Salbei, Bohnenkraut, Ulme, Kiefer, Petersilie

Tugenden: Schnelligkeit, Kommunikation, Anpassungsfähigkeit, magnetisch, flüssig, optimistisch, Klarheit, Freundlichkeit, intellektuell, durchdringend, scharfsinnig, erfinderisch

Laster: Schwätzer, Dieb, unehrlich, verächtlich, ängstlich, unbeständig, unhöflich, emotionslos

Die vier Winde:
Notus- südlich, wolkig, feucht und kränklich
Boreas- nördlich, heftig, brüllend, Frost
Zephyrus- westlich, weich, angenehm, kalt, feucht
Eurus- östlich, wässrig, wolkig, gefräßig

Sanguinisches Temperament: Durchdringend, fleißig, Freude, Gewandtheit, unehrlich, wankelmütig, freundlich, klar, eifrig, Verachtung, Schwätzer, Mangel an Ausdauer

Über Feuer

König: Djin
Elementar: Salamander
Gott Name: YHVH Tzabaoth
Quadratisch: Süden
Erzengel: Raphael
Engel: Aral, Samuael
Engelsorden: Seraphim, Kräfte Qualität:
Ausdehnung, elektrisch
Farbe: Rot
Komplementärfarbe: Grün
Tetragrammischer Buchstabe: Jod
Form: Dreieck
Sinn: Sehvermögen Zeichen: Löwe
Magisches Werkzeug: Zauberstab, Kerzen und einige
Dolche Fokus: Wille, Verständnis
Erstellt: Tiere
Steine: Asbest, Feuersteine oder alles, was mit Feuer oder der Farbe Rot assoziiert wird
Metalle: Gold, Eisen, Stahl, Nickel, Rotguss
Pflanzen Anatomie: Samen
Tiere: Salamander, Grillen
Musikinstrument: Stimme
Musikalische Note: "d"
Planeten: Mars, Sonne, Pluto
Zeichen: Löwe, Widder und Schütze

Körper: Taille bis Kehle; Augen, Blut und Nerven
Finger: Zeigefinger
Elementarwesen: Acthnici, Salamander, Drachen, Grillen, Erpel, Basilisken, Phönix, Sphinx
Kräuter: Erle, Esche, Basilikum, Blutwurz, Kaktus, Zedernholz, Zimt, Kopal, Damiana, Drachenblut, Knoblauch, Weißdorn, Heliotrop, Ysop, Wacholder, Alraune, Eiche, Zwiebel, Pfeffer, Weinraute, Johanniskraut, Löwenmäulchen, Tabak, Wermut, Yucca, Schwefel

Tugenden: Energie, Kraft, Kreativität, Tapferkeit, Loyalität, Bewegung, Wahrnehmungsvermögen
Laster: Sporadisch, zerbrechlich, reizbar, zerstörerisch, Unmäßigkeit, Zorn, gefangen in Illusionen
Cholerisches Temperament: Aktivität, Enthusiasmus, Eifer, Entschlossenheit, Mut, produktiv, Völlerei, Eifersucht, Leidenschaften, Reizbarkeit, Unmäßigkeit

Schlussfolgerung: Ritter, Priester und König

Ein Ritter zu sein bedeutet, sich selbst beherrschen und mit Tugend handeln zu können. Es ist ein Weg der Rechtschaffenheit, Gerechtigkeit und Güte. Es bedeutet, für alle ihre Handlungen verantwortlich zu sein und niemals den anderen die Schuld für ihre Fehler zu geben. Es bedeutet, sich mit großer Liebe um das eigene Herz zu kümmern und diese Liebe auf die anderen zu übertragen. Seien sie mitfühlend mit sich selbst und anderen. Spielen sie niemals die Rolle des Opfers, des Retters oder des Verfolgers. Seien sie sie selbst, auch wenn sie sich nicht kennen. Üben sie, üben sie weiter. Suchen sie in sich selbst nach der Wahrheit, meditieren sie und lassen sie ihre Seele wieder leben. Vergessen sie nicht zu lächeln.

Priester zu sein bedeutet, an Gott zu glauben und die spirituellen Praktiken zu beherrschen, die den Kontakt mit ihm bereichern. Es ist der spirituelle Weg, der mit größter Verehrung für alles, was heilig ist, und vor allem für das menschliche Herz beschritten wird. Es geht darum, für ihre Mitmenschen da zu sein und genau zu erkennen, was sie wirklich von ihnen brauchen. Es geht darum, die Geheimnisse ihrer okkulten Entdeckungen für sich zu behalten und das Glück und die Freude des Lebens mit anderen zu teilen. Sprechen sie von Gott nur so, wie es der andere hören will. Wenn es nicht sein muss, erwähnen sie nicht einmal das Wort "Gott". Glauben sie nie, dass sie im Besitz der Wahrheit wären. Die Wahrheit ist ein Geisteszustand und nicht etwas, das man besitzen kann. Erzwingen sie niemals von anderen ihre Sichtweise anzunehmen.

Wir wollen nicht die Gedanken der anderen beeinflussen, sondern ihre eigene Sichtweise bereichern, in der Hoffnung, dass sie Gott zu ihrer eigenen Zeit und auf ihre eigene Weise entdecken werden.

Ein König zu sein bedeutet, ihre menschliche Erfahrung in vollkommener Harmonie mit der göttlichen Wahrheit zu handhaben. Es ist ein Weg nur für sie selbst, der anderen nicht einmal vorgeschlagen werden sollte. Es bedeutet, heilig zu werden, ein Heiliger inmitten der Menge. Es geht darum, nie wieder an den Schmerz zu glauben, sondern an die Erfahrung. Es geht darum, ihre Mitmenschen aus dem Elend ins Glück zu führen. Es geht darum, anderen ein perfektes Beispiel zu geben und zu wissen, dass man in den Augen Gottes ein heiliger Mensch sein kann. Ein König scheint zu herrschen, aber er ist kein Herrscher; er ist ein Diener des Volkes. Es ist die Vollendung der sieben Siegel manifestiert in einer menschlichen Erfahrung, nach außen nur zur Ehre Gottes dienend.

Suchen sie vor allem Liebe, und die Macht wird sich ihnen offenbaren. Der Weg der Tugend ist der einzige Weg, den man in jedem okkulten System gehen muss. Alle anderen Werkzeuge sind nur Spielzeug für das menschliche Ego, während der göttliche Geist ihre menschliche Erfahrung durchdringt und neu definiert, um mehr von ihrem göttlichen Selbst zu reflektieren. Um ein Ritter, ein Priester und schließlich ein König zu sein, müssen sie nur die Liebe suchen; alles, was sie tun müssen, ist zu lieben.

Möge Gott sie segnen und auf ihrem Weg begleiten,

François Lépine

www.ingramcontent.com/pod-product-compliance
Lightning Source LLC
Chambersburg PA
CBHW031433160426
43195CB00010BB/714